値段がわかれば
社会がわかる
はじめての経済学

徳田賢二 Tokuda Kenji

JN052688

★——ちくまプリマー新書

368

目次 ＊ Contents

本文イラスト　たむらかずみ
写真（47頁、86頁、114頁、159頁）iStock

本書のねらい

「値段」がわかれば「社会のしくみ」がわかる

この本は、経済という複雑な世界の入り口で戸惑っている人のために書いた本です。ビジネスはもちろん、政治、行政等、すべての社会現象の基礎には経済問題が関わっています。しかし、経済、経済学の入門書や教科書には抽象的な概念が並び、私たちの実生活とどう関わりがあるか、はっきりとは実感できません。しかし、経済とは「私たち自身の生活」そのものなのです。この本は、その原点に立ち返り、私たちの社会生活の中で、現実に経済がどう動いているのか、その活《い》きたしくみを解き明かすことがねらいです。この本により、皆さんが経済をはじめてクリアに実感できるようになることをお約束します。

このように「しくみ」という言葉を聞くことは多くあります。しかし、そもそも「しくみ」とは何でしょうか。しくみとは「ある目的を達成するために組織的に行われる活動」のことです。私たちが、明日の試験勉強の際に教科書の内容を記憶するのは体に備わった「脳の精緻なしくみ」のおかげですが、社会でも、「ある目的」を達成するために、様々な人たちが様々な場所で、政治、行政、経済、あらゆる分野で組織的に活動しています、その活動全体が「一つのしくみ」であり、社会を支えています。政治分野で、選挙によって選ばれた議員によって構成される議会が、私たちのために様々な政策を決めていくのも「一つのしくみ」ですし、例えば、音楽会で、指揮者のタクト（指揮棒）が動くことで、すべての楽器が協奏するのも、タクトに導かれて、各パートの人たちが「演奏するしくみ」が動き始めるからです。

音楽会では「指揮者のタクト」が演奏会というしくみを動かすキープレーヤーですが、経済では「値段」がキープレーヤーです。「値段」が動くことで、「経済のしくみ」が動き出します。私たちは、普段意識することはありませんが、社会は、それこそ無数のしくみが動くことで成り立っています。

とすると、ああそうか、この本はよくある「価格メカニズム」に関わる本だと思われるかもしれません。しかし、この本は、それこそ無数にある「値段（価格）」の本とは別物です。おそらく経済学入門と銘うった本の中ではじめてと言ってもいい「値段を軸に動く社会のしくみ」という視点を重視した経済学の本です。

もちろん、中学生になれば、価格が需要（買い）と供給（売り）が等しくなるように調整する、といういわゆる価格メカニズムを学んでいるでしょう。そして、それ以降に学ぶ「価格」に関わるほとんどの本は、その価格メカニズムをより詳細に精緻に論じた本です。この本ももちろんそのことは取り扱っています。「価格メカニズム」という「しくみ」は、「経済のしくみ」の根幹にあり、私たちの経済生活とは切り離せないものだからです。

例えば、店頭にある野菜は元をただせば、一粒の種から始まります。農家が何カ月もその種から育て上げて、市場に出荷して、店頭に出てきます。この間に、商品の値段もどのように生まれ、どうして現在の「値札」になっているのでしょうか。それこそが、解きあかすべき「しくみ」なのです。その中で、価格メカニズムという、経済を動かす絶妙な「しくみ」は現実にはどういう役割を果たしているのでしょうか。

本書では、その「値段」が商品とともに生まれ、育っていく苦難(?)の「長い旅」をたどりながら、①「値段」の持つ社会的な役割の大きさ、そして、②どのような人々がどう値段を生み出し、創り上げていくのか、その生い立ちにさかのぼって、確かめていきます。全体として、社会に組み込まれた、「値段を軸にした経済のしくみ」を明らかにしていきます。

本書の構成

この本は、値段の旅の道筋に沿って構成されています。

まず、第1章で私たち消費者にとっての値段の意義、役割を学びます。

第2章では、この本の予備知識として「価格メカニズム」を学んでおきましょう。

第3章から、「値段」の旅が始まります。最初の舞台は生産者、農家の現場です。ここでは、生産者と値段との関係を学びます。

第4章では、いよいよ出荷された農産物が市場に登場します。「価格メカニズム」を通じてはじめて「市場価格」という「値段」が誕生する瞬間です。

第5章では、「値段」が私たち消費者の目の前に出てきます。小売店がいよいよ、値段をつけて店頭に野菜を並べます。ここでは、小売店の値段に関わる戦略を学びます。

第6章が値段にとって、最後の正念場です。私たちがその値段に納得して買ってくれるかどうか。それも一瞬の勝負です。

最後の章では、値段にまつわる興味深い話の一端をご紹介しましょう。

この本を読み終わったあと、店頭でたくさんの「値札」たちを見かけたときには、その値段がたどってきた「長い旅」のこと、そしてその旅には無数の人たちが関わってきたこと、そのおかげで私たちの生活が成り立っていることを思い出してください。

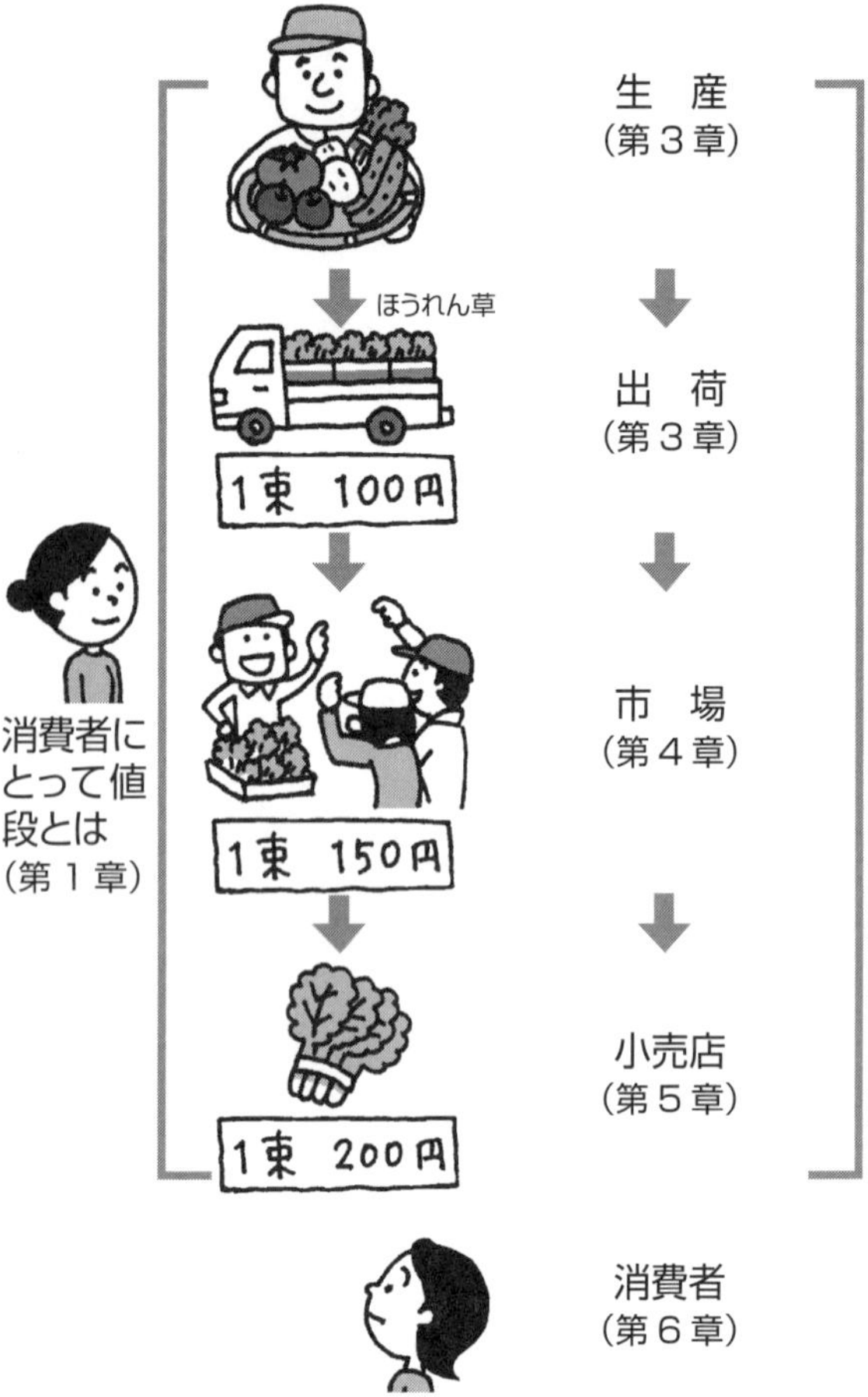
生　産
（第３章）
ほうれん草
出　荷
（第３章）
1束　100円
市　場
（第４章）
1束　150円
小売店
（第５章）
1束　200円
消費者
（第６章）
消費者にとって値段とは
（第１章）

値段をめぐる「長い旅」

プロローグ

昔はおにぎりには値段がなかった

私は三十年間、経済学を教えてきましたが、今でも「値段」は難しいテーマです。次から次へと疑問が湧いてきます。手始めに、一つクイズを出すことにします。

さて、次の二つは五十年前にはいくらの値段だったでしょうか。ヒントは、五十年前当時の初任給は2万円、現在はその十倍の20万円になっています。

（1）バナナ一房

①1000円、②2000円、③10円

正解は、②2000円。何だ、今と同じだと思ってはいけません。今の給料との比較で考えると、2000円に相当します。同じ2000円でも、当時のバナナは今と違ってずいぶん高級な果物であったことがわかります。今のメロンのような位置にあったと考えればいいでしょう。

当時の1円は現在の10円に相当します。時が変われば、お金の価値も変わり、連動して値段も変わっていきます。経済全体のものの値段、すなわち当時の物価水準は現在の約十分の一に相当していました。

（2） おにぎり一個
①100円、②10円、③ただ

残念ながら、ここには正解はありません。「値段はなかった」が正解です。なぜ「ただ」ではないのでしょうか。「ただ」は、本当は値段があるが、今回は特別にゼロ円にするということですから、「値段がなかった」とは意味が違います。

現在おにぎりは年間六十億個も食べられているベストセラーだから信じられないことですが、おにぎりがコンビニエンスストア（以下コンビニという）に登場したのは、まだ四十年前に過ぎません。

五十年前は、おにぎりは家庭で残ったご飯を保存したり、旅行、遠足に携行できるように、家族がご飯を握って作ってくれるものでした。だから家族が作ってくれるおにぎりに愛情はあっても、値段などあるわけがありませんでした。家で作ったおにぎりに値段がないのは、もちろん売り物ではないからです。

同じものでも、売り買いをするときには、必ず値段がついてきます。言い換えれば、値段がなければものの売り買いはできないと言ってもいいでしょう。

この本では、値段に関わる疑問の数々を一緒に考え、解き明かしながら、追いかけてみることにしましょう。

第1章　私たちは値段を頼りに買うしかないのだろうか

このストーリーの出発点は、私たち消費者です。消費者がいかに値段を頼りにしているか。コンビニやスーパーで買い物をするときには、必ず値札を見た後に、商品を見ると言われています。

この章では、私たち消費者が商品を選択し買う場合に、値段をどのように見て判断するかを学びましょう。

1　ものを買うとは何だろう

私たちにとって、ものを買うとは何でしょう。同じ食べるものでも、米、パンのように毎日食べるものから、時々買って食べるケーキや果物もあります。私たちは生活に必要なもの、欲しいものを「買わなければなりません」。

しかし、世の中には商品があふれるようにあります。パン屋さんが軒を連ね、スーパ

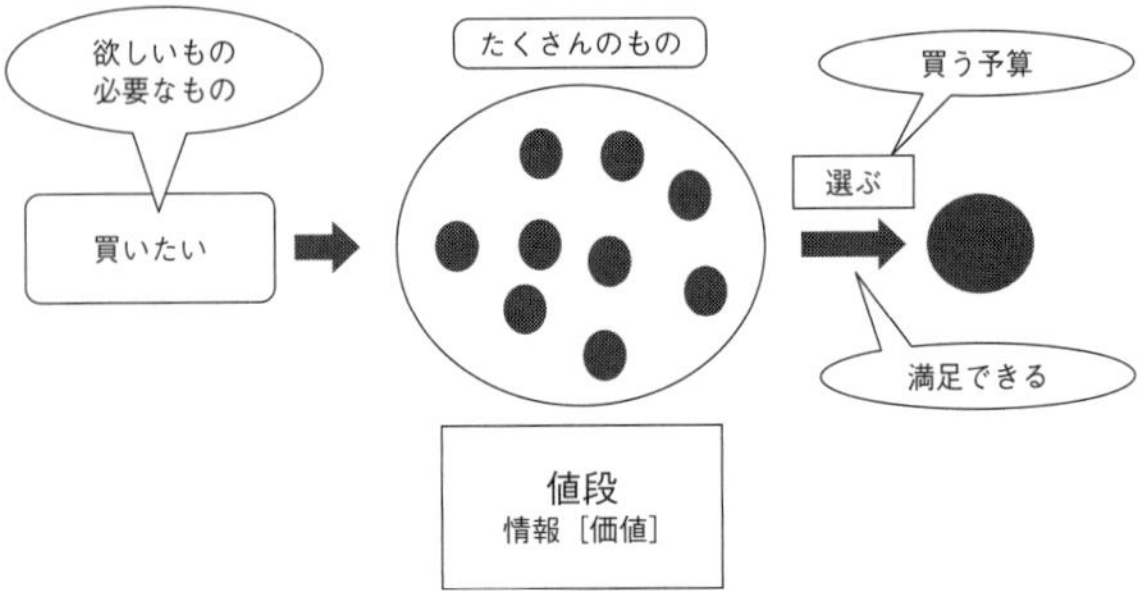

値段という手がかり

ーに行けば、様々な野菜や果物が置いてあります。商品を選ぶ基準は、手元の予算の範囲内で、満足できるものかどうかにあります。

ここで頼りになるのが、「値段」です。私たちは値段、商品を見て、どれが自分でも買えるものか、最も好ましいものか、必要を満たせるかどうかを判断し、最終的に、この野菜、果物を買おうと決断します。

私たちの生活は、この値段を手がかりに買うという行動から切り離すことはできません。

2　実は買い手は商品のことを知らない

しかし、ものを買う場合に最も大きな問題は、食べ物であれば、買う前には食べられない、美味《おい》しいかどうかはわからない、使うものであれば、買う前には、便利なものかどうかはわからない、ということにあります。逆に、売り手は商品の品質、利便性をよく知っています。このように、売り手と買い手との間では、商品の品質という重要な情報が偏って存在しています。これは、双方にとって大事な事実、情報が同じように、対称的に双方にあるわけではないという意味で、「情報の非対称性（情報が双方に同じようにない）」と呼ばれています。

だから、美味しそうだと思って買った食べ物が期待ほど美味しくなかったり、便利そうだと思って買った商品が期待ほど便利ではなかったりという、買い物の失敗の危険性が常にあります。私たちはせっかく買ったのに、期待どおりでなく、買い損になるのは好みませんから、その危険性、リスクに対して、どう行動するか、常にその判断を迫られているとも言えます。

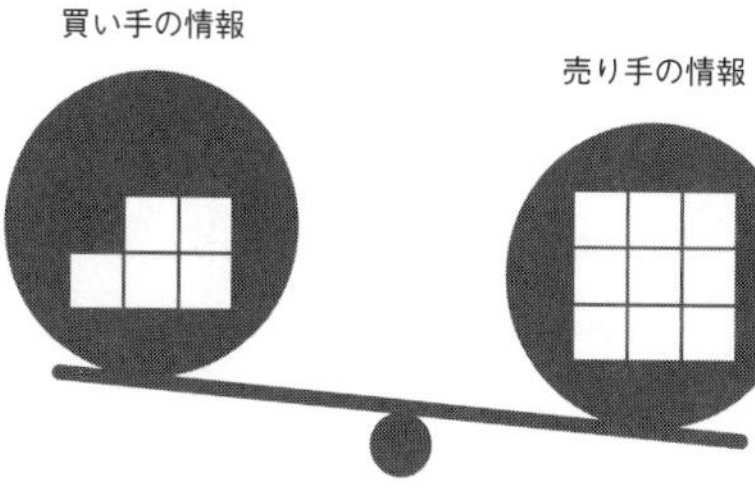

情報の非対称性

その失敗の危険性に対して、私たちはどう対処しているか、次のクイズから始めてみましょう。

お弁当を買いにスーパーに来たとします。あなたは次のどれを選ぶでしょうか。

①一番高い一個700円の弁当を選ぶ。
②人気のある一個500円の弁当を選ぶ。
③一番安い一個300円の弁当を選ぶ。

もちろん、買い物に正解などありません。買ったとすれば、あなたがその買い物で満足しているかぎりはすべてが正解になります。その買い物で満足できなかったら、その選択肢は論外ですが、私たちは値段の高低だけで満足するわけではなく、安い弁当でも満足するかもしれません。私たちは、その弁当が欲しいと思った欲求を満たしてくれるかどうかで、満足したり、しなかったりします。

買い物には正解はありません

しかし、逆にすべてが不正解かもしれません。一つひとつ確かめてみましょう。

①の一個700円を選ぶ。おそらくは、売り手はその品質に自信があるからこそ、一番高い値段をつけたことが予想されます。ただし、問題は、いつもこのような一番高い値段で買い物をしていると買い物に掛ける予算が足りなくなってしまう危険性が生まれてくることです。買い物は、欲求を満たし満足をするためとは言え、予算の範囲内で済ますという前提があるからです。

②の一個500円を選ぶ。売り手も真ん中の買いやすい値段にしています。また人気があって、皆がいいと思って買っています。間違いは少ないでしょうが、売り手にせよ他の買い手にせよ、所詮他の人たちの判断です。自分が満足するかどうかは別問題。自分の買い物なのに自らの考えにしたがっていないという根本的な問題があります。

③の一個300円を選ぶ。最も安い弁当だから、仮に失敗しても、美味しくなかったとしても、お金をあまり使わないで済む、それだけ失敗の危険性は小さくなります。しかし問題は、最も安い値段ということは、売り手もその品質にそこまで自信がない可能性があります。したがって、やはり食べたら美味しくなかった、満足できなかったという可能性がどうしても残っていることになります。

正解と不正解の分かれ目は、値段の如何《いかん》にかかわらず、本当に満足できたかどうか、予算の範囲内に収まっているかどうかに掛かっています。

値段は品質のバロメーター

バロメーターとは気圧計のことで、天候の状況を示してくれます。ここでわかったことは、私たちは値段を品質のバロメーターと考えていることです。確かに、私たちは、その商品に値段以上の価値があると思うからこそ、その値段を支払う。私たちは、値段以下の価値しかないものは、決して買わないはずです。つまり、左のようになります。

価値　≧　値段

しかし、食べる前にどうしてその価値がわかるのでしょうか。どうして値段以上の価値があると思うのでしょうか。ここでも、当然ながら、買い手が「勝手に」考える価値は、売り手が認識している価値とは異なります。大きなエビフライといった単なる外見だけでなく、エビフライ以外の要素もそこには入ってきます。例えば、そのお弁当を販売している店では、どんなものを買っても必ず満足できるという信頼感があるかもしれません。店の雰囲気、よい接客なども関係してきます。

私たちは、お弁当だけを見ているのでなく、それ以外の店の雰囲気などを含めて、買うか買わないかの判断をしています。

買わないという選択もあります

当然のことですが、私たちは弁当だけでなく、その他の商品も同時に買いに行きます。お菓子のようなやや贅沢な、好みにしたがって買う嗜好品《しこう》にはそれほどの予算は割けません。通常、スーパーでは消費者一人につき平均約一〇点、総額2000円の買い物があると言われていますが、ここで、700円の弁当を買ったおかげで、他の必要な野菜とか食材で買えなくなるものが出てくる危険性が生まれてきます。

だから、ものを買うすべての場合、全体の予算を考え、一つひとつの買い物について、買うか買わないか、判断しなければなりません。その商品を買うかどうか、その必要性から見て、その商品はどうしても必要なものかを考えます。

したがって、例えばケーキを買いたいが、予算を考えるとどうしても足りないというときには、もちろん買わないという選択もありますが、そこまで行かなくても、十分には満足できないが、他のもの、例えば安いお菓子で代替するということもあり得ます。

いまどうしても買いたいか

安いお菓子ではなく、どうしても今日理屈抜きでケーキを買いたいという気持ちを抑えられないこともあります。明日買ってもいいとも考えられますが、同じものでもいつ買うかという問題は、その人の「今日買うケーキ」と「明日買うケーキ」、そのいずれを高く評価しているか、選好しているかの違いに掛かってきます。

今日、どうしてもそのケーキを買いたいときは、今日のケーキを強く選好し、明日のケーキに比べて今日のケーキを非常に高く評価する度合いが強いことによります。逆に明日でもいいかと思うときは、今日のケーキは明日のケーキほど選好されていないということです。このことは「時間（に応じた）選好（好み）」と呼ばれます。

こうしてみると、私たちのものを買う行動には、知らず知らずのうちに、明日、将来の自分はどう思うかという現在の判断が組み込まれていることがわかります。明日食べることはとても考えられないときに、こうして思わず買ってしまうという一見非合理な、衝動買いも生まれることになるわけです。

他の店に行く手もあるぞ

また、この店には気に入ったイチゴがないけれども、他の店ならあるかもしれない。しかし、そこには問題が二つあります。一つは、ないかもしれないという不確実性があること。その店に行っても売っていないかもしれない。その危険性があります。もう一つは、確かにあるが、その店に行くために必要な時間、場合によっては交通費も掛かるかもしれません。特に、今買うかどうかを考えるときにわかったように、私たちは何かをするときには「時間」も組み込んで考えます。例えば、隣の店が徒歩十五分のところにあるとすると、それならその店に行こうと考えるでしょうか。

その往復三十分の間に、買い物を済ませることもできるし、家に帰って他の用事も済

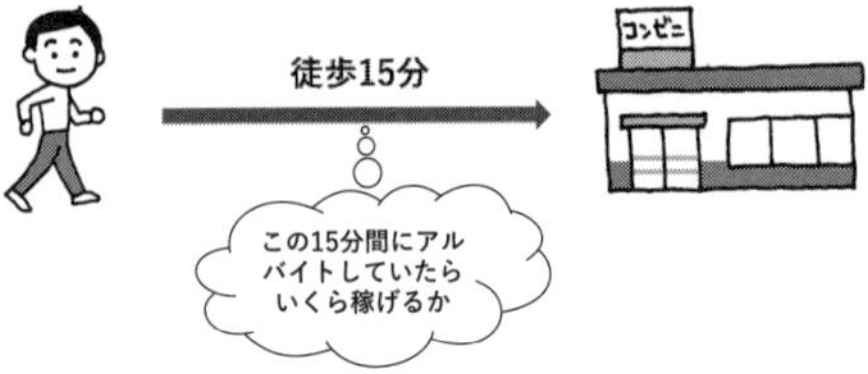

機会費用とは？

ませることができるかもしれません。何かをすることは、他の何かをあきらめることになります。この場合では、その時間を隣の店に買いにいくのに使うことで、その時間にやろうと考えていたこと、例えば本屋さんに行くことや、友だちに会う用事をあきらめなければならないかもしれません。私たちは知らず知らずのうちに、そのためにできなくなってしまうことを考えて、今どうするかを決めています。このように、何かをしたときに犠牲にしてできなかったことを経済学では「機会（を失った）費用」と呼んでいます。

例えば、その時間にしようと思っていたアルバイトをあきらめるとすると、そのもらえなかったアルバイト代、これを一種の「費用」と考えるわけです。

もちろん、それでも隣の店にいくことは考えられます。その場合でも、それだけのことを犠牲にしたことを踏まえて買い物をします。他のやりたいことを我慢して、買い物をするわけですから、その犠牲に見合っただけの価値を弁当に求めることになります。例えば、値段は５００円、７００円でもとびきり美味しそうでなければ買わないとか、私たちはとても合理的な行動を取っていきます。

このように私たちは「時間」を組み込んでものを買ったり、買わなかったりしています。時間は費用、「時は金なり」とは不変の真理です。

3　なぜ私が来ることをあらかじめ知っているのだろう

このように、私たちは店に行って、商品の値段を見て、どれだけの量を買うか買わないか決めます。しかし、当然すぎて誰も不思議に思いませんが、考えてみると不思議なことがあります。

それは、私たちは毎日果物を買うわけではありません。今日はたまたまお客さんが来るから買うことに決めたり、突然食べたくなったから買う気になったり、家族から頼まれたり、様々な理由で買いに行きます。それも旬《しゅん》かどうかなど考えもしないで買うことが多くあります。

それなのに、不思議なことは、私がたまたまお店に行っても、必ずと言っていいほど、買いやすい値段で美味しそうなイチゴなどの青果がたくさん陳列されていることです。それ以外のスーパーで売られている万単位の数の商品についても同じです。ほとんどの来店客は自分が欲しいものを見つけて、手早く買い物を済ませて、当然のように帰っていきます。品切れになっていることもほとんどありません。

それどころか、私が行けば必ず待っていたかのように、果物が店頭にあり、それもちょうど買ってもいいという値段で置かれています。店はどのようにして、私が来ることをあらかじめ知り、果物を用意し、私が買いたくなる値段をつけたのでしょうか。

昨日も店員さんが、一生懸命バナナを店頭に補充していました。店はなぜ補充が必要なほどバナナがよく売れることをあらかじめどのようにして予測していたのでしょうか。店は、来店客の全員の嗜好、必要なものをあらかじめ予測しているのでしょうか。商品が足りなくならないように、それも買う気にさせる値段をつけて売っていますが、なぜそれが可能なのでしょうか。

その種明かしは、弁当の例で見たように、どの店もこの時期にはどのような商品がどのくらいの値段でどのくらい売れるかを把握しているからです。つまり、その時期、その地域の買い手、消費者がどのように買い物に来るかをあらかじめデータとして、店は把握しているのです。

しかし、疑問が消えたわけではありません。私のようにイチゴをいつ買いにいくかわからない、それこそ何千、何万の勝手に動く消費者一人ひとりの行動がなぜ現実にそのデータにきちんと集約されて、間違いなく使われているのでしょうか。

マジックのような統計法則があります

私たちの一人一人のイチゴを買う動機は各人各様ですが、膨大な数のデータを集計すると、値段と購入量との関係がはっきり表れてきます。蓄積されたデータは安定的なものので信頼できますから、先々の状況を予測できることになります。

勝手気ままな消費者の選好、気まぐれで買う人、いつも買う人、いろいろあっても、集計して平均化すると、その勝手な部分が消えて、安定的なデータになります。これは、数学で「大数《たいすう》の法則」と言って、将来きっと習う大事な専門用語です。この大数の法則のおかげで、各商品の日々の需要の動き、消費者の行動は予測できることになるのです。私が、たまたまイチゴが一パック７００円なのを見て、高すぎると思ってリンゴに替えても、そういった一人の行動は、経済のそれこそ小さな部分で、膨大な数の中では無視できるわけです。

だから、値段ごとに売れる数量を表す、イチゴの需要曲線（第2章で紹介）は、とても安定したものになり、この値段ならどの数量が売れるか、値段を上げるとどれだけ買う数量が減るか、下げるとどれだけ買う量が増えるかが、はっきりと予測できることになるのです。例えば、イチゴはクリスマスシーズンの十二月には、「高い値段で売れるが、大量に売れるわけでもない」のですが、五月ごろになると「値段は下がるが、販売量は増える」といったように、シーズンを通して、どの月にはどの程度の値段、量が売れるか、予測できるのです。

こうして、店は、どの品目について、値段に応じて、どれだけ売れるかがわかっています。したがって、その日の売れ行きを見て、売り切れるように値段を操作することもできるわけです。需要曲線は、牛乳の需要曲線、豆腐の需要曲線等々、あらゆる商品にあり、どの店も最も大事なデータとして活用しています。

4　私たちの眼は二眼レフ

若い人は見たことがないでしょうが、昔はレンズが二つの「二眼レフ」と呼ばれるカメラがありました。二つのレンズで焦点を合わせて写真を撮るのです。

私たちの商品を見る眼は、値段と品質を両にらみの「二眼レフ構造」と言えます。

すなわち、

○品質が落ちると値段がそのままでは買わない

○品質が上がれば値段が上がってもかまわない

よく言われるお買い得、お値ごろというのは、値段に照らして品質が高いことを指しています。

この二眼レフ構造は、供給側、売り手にとってはとてもやっかいなものです。需要側、買い手の品質や商品価値を見る眼はとても厳しく、それが値段と釣り合っていなければならないし、おまけにその見る眼が常に揺れ動いているのです。需要の変動はとても激

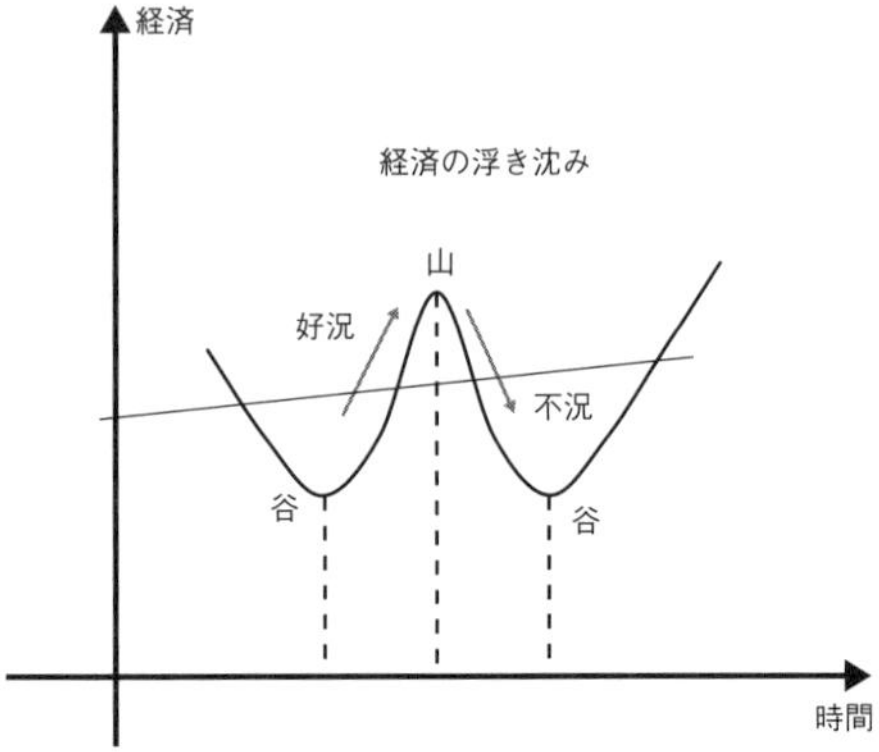

好況と不況

しいものがあります。売り手は、その変動に合わせることが必須の仕事になるわけです。これは、一人一人の売り手だけの話ではなく、経済全体でも需要の減少についていけず、供給過多になるのが不況ですし、逆に需要があるのに、供給が足りないときには好況につながっていきます。私たちの二眼レフに対応することは、それだけ供給側にとっては大変な難問であることがわかります。

例えば、野菜、果物の品質の決め手は何といっても「鮮度」です。生鮮品は一日経《た》てば、必ず鮮度が落ちます。鮮度が落ちると、それが値段に反映されないと、買い手は買わなくなります。

同じように、こうした生鮮品には「旬」という盛りのときがあります。旬のときは、需要側が盛り上がるのに、少しでも旬がすぎると、値段が下がっても買わなくなります。

　このように、しっかりと値段と商品価値を両にらみでチェックする需要側の二眼レフは、供給側にとっては、確かに厳しいのですが、私たちの二眼レフに供給側もうまくピントを合わせることができれば、それこそ双方が得する関係になります。

人によって値段の見え方は変わります

　しかし、値段は簡単なものではありません。私たち一人ひとりの懐《ふところ》具合、生活の仕方などによって、値段の見え方も変わってきます。例えば、1000円は、社会人の人たちにはそれほど高く感じない人もいるかもしれませんが、一日1000円で暮らす学生たちには決して安い値段とは言えません。売り手側としては、どのような消費者にその値段を見せるか、伝えるかという判断が求められることになります。

　また、もう一つ、私たちはその値段を見て、その商品にその値段で買うに値する価値があるかどうかを見極めますが、それも難しいことです。そもそも価値とは何でしょう。実は買い手は売り手ほどその商品の品質を知っているわけではないという問題がここで現れてきます。

例えば古着市場を考えてみましょう。古着は前の所有者が使うのをやめて古着屋さんに持っていったものです。しかし、本当にいいもの、商品価値のあるものなら、果たして古着屋に持っていくでしょうか。だから古着屋に売っている古着はそれほどの商品価値がないものではないかと普通は考えられます。とすると、古着屋に一度は出そうと考えた人も、古着屋に出してもいい値段はつかないから、古着屋に出すのはやめようと考えます。普通は皆がこう考える中で、古着屋が成り立っているのはすごいことでもあります。

古着屋の主要な客は、学生たちです。彼らは限られた予算の中で、満足できるものを見つける姿勢を持っています。古着を着こなすこともファッションで、自分だけがその古着の良さを見いだすことができるなら、例えば「この古着の1000円は支払う価値のあるいい値段だ」と見てくれる可能性もあります。

このように、値段がその商品価値という情報を正しく伝えているかどうか、その情報を通じて、買い手、売り手の動機にしっかり働きかけているか。値段の役割は経済にとってもとても重要なことがわかります。

5　値段は経済のキープレーヤー

本章の最後に、値段が私たちの生活の中で果たしている役割を整理してみましょう。

私たちが商品を選ぶとき、値段はその判断に必要な情報を提供してくれます。一つは、どれだけの支払い金額が必要か、そしてその商品は支払う価値があるかどうかの手がかりにもなります。高い値段であれば、売る側が品質に自信を持っていることがわかりますし、それだけの価値があるものなら、それに見合った支払いが必要になることも示してくれます。

もう一つの役割は、私たちが買うかどうか、具体

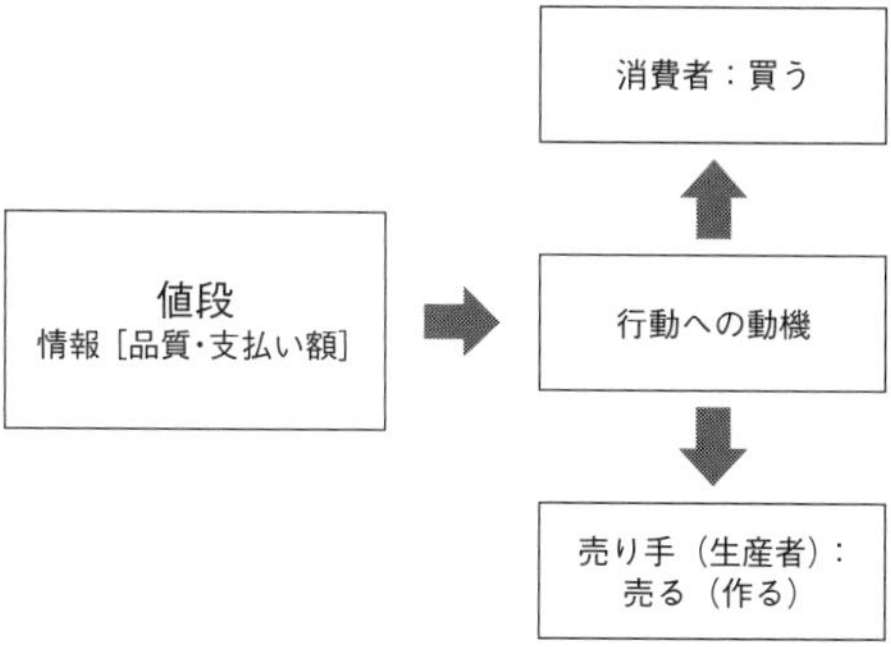

値段の役割

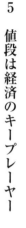

的な行動を促してくれます。

支払い金額が予算の範囲内で、商品価値に見合った値段なら、買うという決断をすることができます。値段は行動するのに必要な「買う動機」を作ってくれるわけです。値段が高すぎると思えば、買う量を少し減らし、または他の商品で間に合わせることもできます。

そうした買い手の行動を見て、売り手側ももっと売れるなら、もっとお店に出そうとか、値段を下げようという具体的な行動の判断をすることができます。商品が足りなければ、さらに生産者から仕入れることになります。

こうして、値段を見ながら、消費者もお店も生産者も、次の行動をどうするか判断できます。そして翻って、値段が売り手にも買い手にもちょうどいいところに落ち着いてくるわけです。

第１章で学んだ経済学のキーポイント

①消費者は売り手ほどその商品の品質、価値についての情報を持っていません。
②商品を選ぶときには、その商品が自分の必要性を満たし、満足できるものか、支払えるものかを判断します。
③その判断の鍵を握るのが値段であり、自分の予算の範囲内で済むか、また支払うだけの価値がある商品かどうかの情報を伝えてくれます。
④この値段ならどれくらいの数量を買うかは、買い手、売り手にとって大事な情報です。
⑤値段と数量の関係は、需要曲線というかたちで表され、商品、時期によって、かたちも位置も変わってきます。
⑥値段は買い手、売り手双方に売り買いへの情報を伝え、その行動を促します。

実践に結びつく学び

自分は消費者としてものを買うときには、どう考えて商品を選び、値段によって何を判断すべきなのでしょうか？

お勧めの習慣

値段を見る眼を養う（第６章参照）。そのために、値段が高くても売れる商品はなぜそうなのかを考えてみましょう。品質を見極める眼も養われます。

第１章の経済学用語

第１章に登場した経済学用語とその意味を整理したので復習に使ってください。

情報の非対称性＝情報が双方に同じようにないこと

消費者＝自分自身のために財を購入する人

　※類語：買い手、客、ユーザー、買い物客

生産者＝大量に農産物または製品を生育または製造する企業または人

選好＝消費者が（他のものより）欲しいと思うこと

欲求＝強く欲しがる気持ち

費用＝買ったり、何かをしたり、作ったりするのに必要な貨幣量

機会費用＝あることをしたときに犠牲にしたこと

商品＝経済活動において生産・流通・交換される物財

需要（ある商品を買おうとすること）＝単に人々が欲しいと思う量ではなく、現実の購買（する）力に裏付けられた、人々の財サービスを買おうとする量

供給（ある商品を売ろうとすること）＝販売のために、商品を市場に出すこと

（消費）財（売るために作られる財）＝（ほぼ商品と同じ）生産される財の中でも、消費を目的として家計に需要されるような財やサービス

大数《たいすう》の法則＝様々な状況の変化も、大量のデータを平

均化する中に吸収され、全体の傾向に落ち着くこと

第2章　経済のあれこれは値段が調整してくれる

この本の予備知識は一つだけ、中学公民で学んだ「価格メカニズム」だけです。自信のない人は、本論に入る前に、本章でそのポイントを復習しておきましょう。

前提：市場経済とは何でしょう

私たちの社会は市場《しじょう》経済である、とよく言われます。しかし「市場経済」とは、どういうことなのでしょうか。簡単に言えば、「必要なものをほとんど売ったり買ったりする社会」ということです。だから、例えば無人島で何でも自分で作って、食べている人は、「市場経済」に生きているとは言いません。

私たちが買って手に入れることができるなら、そこには必ず、売り買いの場、すなわち「市場」があります。野菜にせよ、ガソリン、おやつでも何でも市場を通じて、私たちは買ってきます。また、企業も、買ってくれる人がいるから市場を通じて売るのです。

私たちが弁当を自分で作らず、コンビニで買うのが当たり前だと思っている人が多いでしょうが、それこそ市場経済の真っ只中《ただなか》に生きている証拠なのです。

売り買いは「値段」と「量」が問題になります

また、当然ながら売り買いとは、「いくらでどのくらいの量を買うか、売るか」ということです。例えば、縁日の屋台で、たこ焼きが一つなら50円、二つなら90円とか、必ずその値段と量が問題になります。

この「売り」と「買い」が値段によってどう動くかが、経済学の中心的なテーマなのです。

経済学では、「買い」を「買おうとする意欲があること」と考え、「需要」と呼んでいます。例えば、コンビニに行ってお茶を買おうとするなら、そこには「お茶への需要」があると言います。100円の値段で一〇〇本の需要があるとき、お茶の需要量は一〇〇本と言うことになるわけです。しかし、お茶を90円に値下げしたら、需要量は一五〇本になるかもしれません。値段次第で需要量も変動します。

一方の「売り」は、「商品を市場に出すこと」であり、「供給」と呼んでいます。コンビニの立場からいえば、お茶は100円の値段で、供給量一〇〇本になります。90円の値段なら一五〇本になるかもしれませんが、それは供給側の考え次第です。値段次第で供給量も変動します。

「価格メカニズム」――値段が動くと量も動きだす

それでは、その値段によって、需要量、供給量はどう影響を受けるのでしょうか。ここからが「価格メカニズム」の出番になります。値段の変動で両方の量が調整されていくしくみが動き出すことになります。

この需要量、供給量と値段の関係には、基本的には、次のシンプルな原則が働いています。

①値段が上がれば需要量は減少する。
逆に供給量は増加する。

②値段が下がれば需要量は増加する。
逆に供給量は減少する。

感覚的にも、消費者としては、値段が上がれば買いたくなくなるし、下がればもっと買いたくなります。

ただ、売り手側としては、どういう意識なのでしょうか。これは、次章で取り上げることですが、売り手には、様々な費用が掛かっています。そのために、値段は高い方がいいに越したことはありません。それだけ収入を確保できるからです。したがって、値段が上がれば供給量は増えるし、下がれば、費用を取り戻せない可能性が高くなりますから、供給量は減少することになります。

市場における価格メカニズムについては、第4章で詳しく説明しますが、ここでは、野菜、鮮魚などを取り扱う卸売《おろしうり》市場で、身振り手振りで売り買いをさばいている「競《せ》り人」をイメージしてください。通常、市場によっては、このように価格をコントロールする人が具体的にいるとは限りませんが、感覚的には、「価格メカニズム」を「競り人の役割」に合わせるとイメージしやすいと思います。

競り人は、生産者から委託（または買い取った）野菜を、市場に集まった買い手たち（小売店）に、様々な値段を提示して売りさばきます。段々値段を上げていくと、買い手の手も上がらなくなり、最後の一人になったときに、そのときの値段で決着します。

競り人

競りには「価格メカニズム」が働いています

競り自体は瞬間的な活動ですが、競りを見ると、「価格メカニズム」が働いていることが目に見えるのでわかりやすいです。順を追って、競りを仕切る競り人の頭の中を見てみましょう。

競り人は当日の入荷（供給）量を売り切らなければなりませんから、今日はどれだけの注文（需要）量があるかを見極めなければなりません。供給（売り）と需要（買い）のどっちが大きいだろうか。大体において、安い値段のと

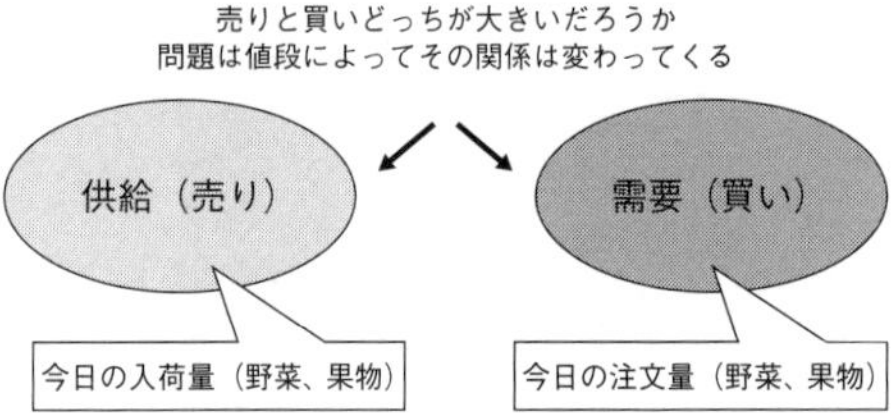

競り人の頭の中

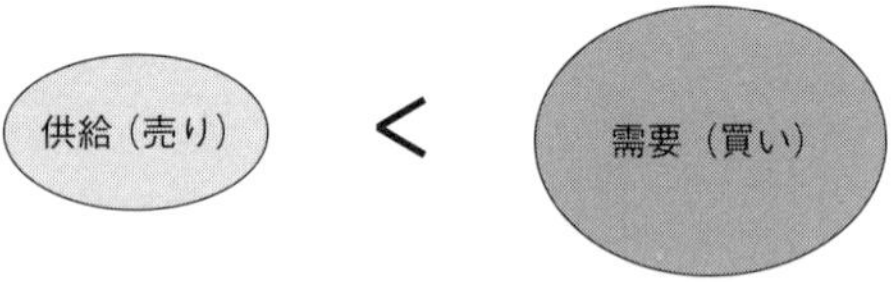

安い値段の時の需要と供給

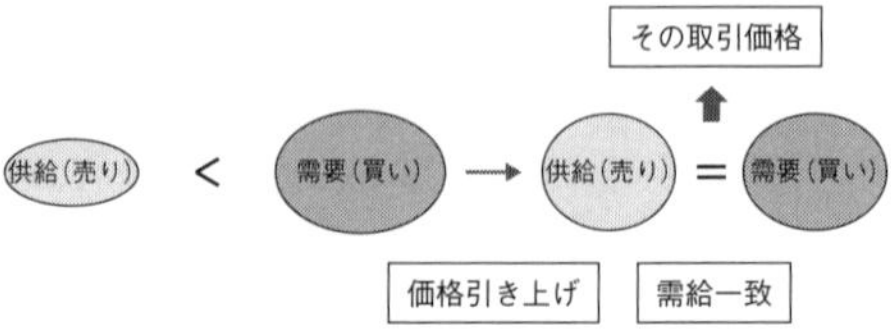

需要と供給の一致

きは、買い（需要量）の方が大きくなります。

しかし、これでは、需要量を満たすだけの供給量を用意できませんから、次に少し値段を上げると、需要量が減ってきます。供給量と需要量とがちょうど一致し、買い手が

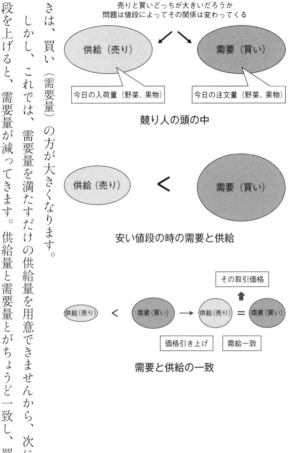

一人になったところで、この競りは終わりになります。当日の入荷した野菜は、その時の値段で、その買い手に引き取られます。

このように値段を動かすことで、需要と供給が一致するように調整していくことこそが、「価格メカニズム」と呼ばれるものになります。

価格メカニズムはグラフで表せます

しかし、価格メカニズムは、通常はこのようには説明されません。高校の「現代社会」や大学では、以下に述べる需要曲線と供給曲線を使ったグラフで説明されるので慣れてください。

このグラフは、縦軸が価格、横軸が数量であり、値段と数量の関係を表したグラフです。右下がりの曲線が、需要曲線であり、値段が上がると段々需要量が減っていく状況が表されています。逆に右上がりの曲線は供給曲線であり、値段が上がると段々供給量が増えていく状況を表しています。「価格メカニズム」を論じるときには、必ず出てくるグラフです。

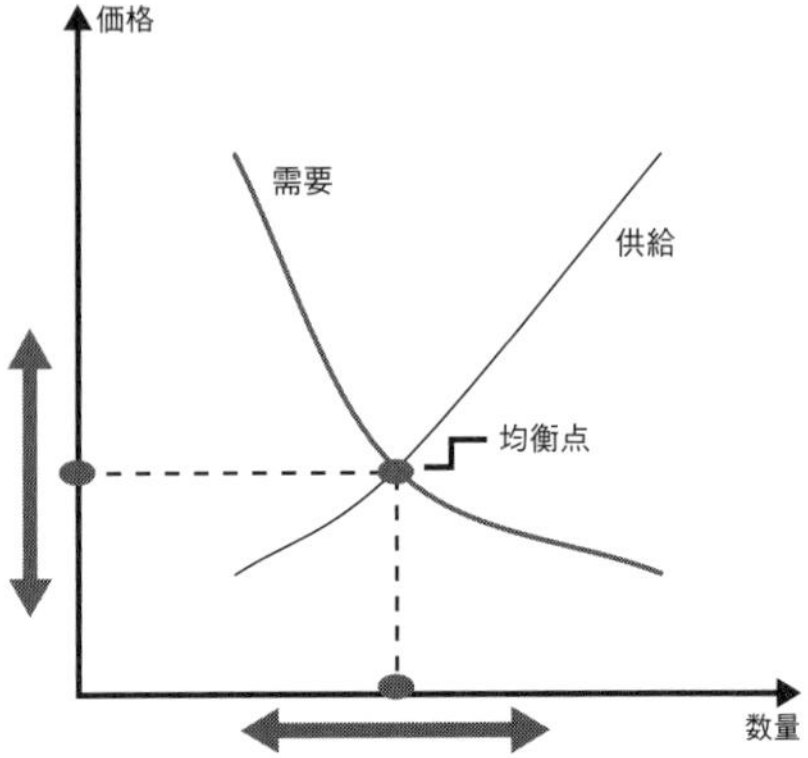

価格が需要（買い）と供給（売り）を調整し、取引量、取引価格を決定する

「価格メカニズム」という「しくみ」

それでも、こうしたグラフに慣れていない人にとっては、このグラフには、疑問点がたくさんあるはずです。

一つには、なぜ二次元で、縦の矢印が「価格」、横の矢印が「数量」になっているのだろうか。もう一つには、需要と書いた曲線はそもそもどういう意味があり、なぜ右下がりになっているのだろうか。逆に、供給と書いた曲線はどういう意味で、なぜ右上がりになっているのだろうか。真ん中にある「均衡点」とは、一体何を意味するのだろうか。これらのことを理解していないと、このグラフはきっとわからないでしょう。

しかし、これらの疑問を解き明かせば、この「価格メカニズム」のグラフの意味するところをはっきり理解できます。

まず、最初の疑問、なぜ二次元で、縦が「価格」、横が「数量」になっているのか、説明しましょう。

経済学では、二つのデータの関係をこのように二次元でよく表します。この場合は、価格というデータと数量というデータの関係です。私たちがものを買う場合に、価格が安くなればたくさん買って、逆に価格が高くなれば、買い控えます。売り手にとっては逆に価格が高くなればたくさん売りたいし、価格が安ければあまり売りたくない。このように、価格の水準と買いたい数量、売りたい数量には大いに関係があります。この二次元のグラフは、その関係を具体的に見せてくれます。

次に需要と書いた曲線はそもそもどういう意味があって、右下がりなのでしょうか。この需要曲線は、様々な価格のもとで、買いたい量がどう動くかを表しています。例えば、次頁のグラフにあるA点を見てください。A点を左に延ばして価格の縦軸と交わったところ、100円がA点の価格であり、縦に下ろして数量の横軸と交わったところ、500個がA点の数量になります。つまり、需要という曲線の上のA点は、100円という値段なら500個買う人がいることを表しています。また、さらに需要曲線上に沿って点をC点まで動かしていくと、C点では40円という値段で１５００個買う人がいることを表しています。このように、需要は値段が下がっていくと、買う量が増えて、点が右下に移動していくので、右下がりになるのです。

　またそれこそ無数にある値段ごとに買いたい量が変わるので、その無数の点をつなげていくと曲線になります。需要曲線が表す「需要の性質」は、このように「価格（値段）が上がると需要量は減る」、「価格（値段）が下がると需要量は増える」。したがって需要曲線は右下がりになります。

　次に供給という曲線の意味とは何か、またなぜ右上がりなのでしょうか。この曲線は、様々な価格のもとで、売りたい量がどう動くかを表しています。例えば、次頁のグラフのD点を見てください。D点を左に延ばして価格の縦軸と交わったところ、１５０円が

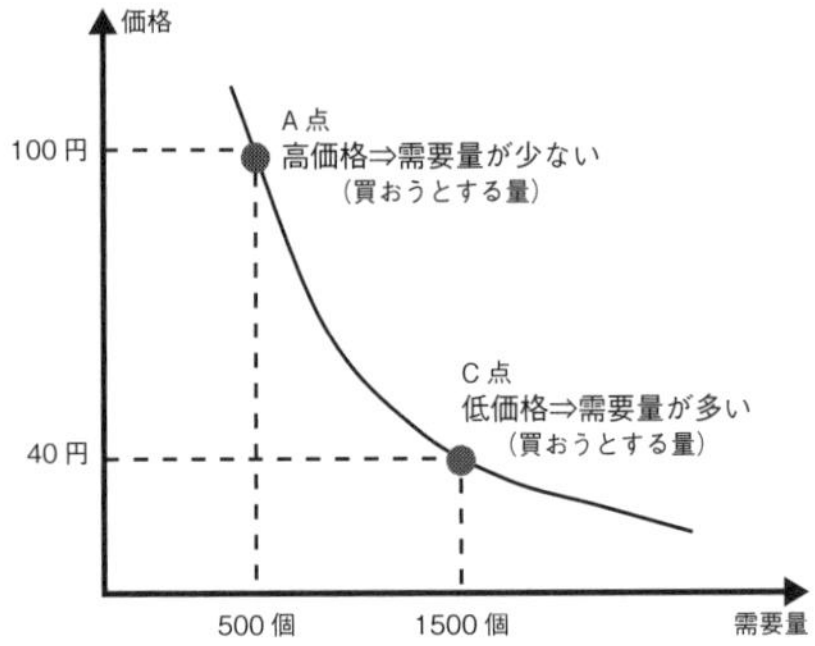

需要曲線

D点の価格であり、逆に縦に下ろして数量の横軸と交わったところ、七〇〇個がD点の数量になります。つまり、供給という曲線の上のD点は、１５０円という値段なら七〇〇個売る人がいることを表しています。また、さらに供給曲線上に沿って点をF点まで動かしていくと、F点では２００円という値段で二〇〇〇個売る人がいることを表しています。このように、供給は値段が上がっていくと、売る量が増えて、点が右上に移動していくので、右上がりになるのです。

　またそれこそ無数にある値段ごとに売りたい量が変わるので、その無数の点をつなげていくと曲線になります。つまり供給曲線が表す「供給の性質」は、このように「価格（値段）が上がると供給量は増える」、「価格（値段）が下がると供給量は減る」。したがって供給曲線は右上がりになります。

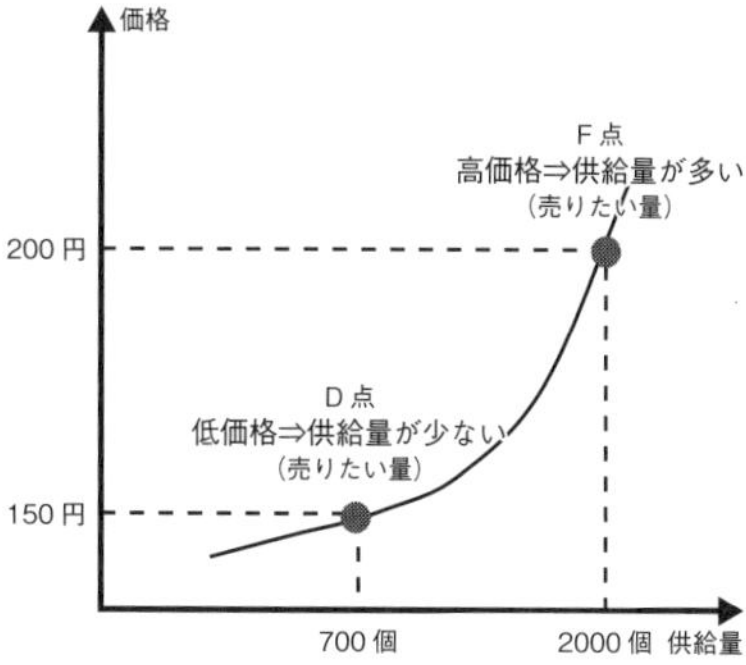

供給曲線

　次に、次頁のグラフでは需要曲線と供給曲線とが

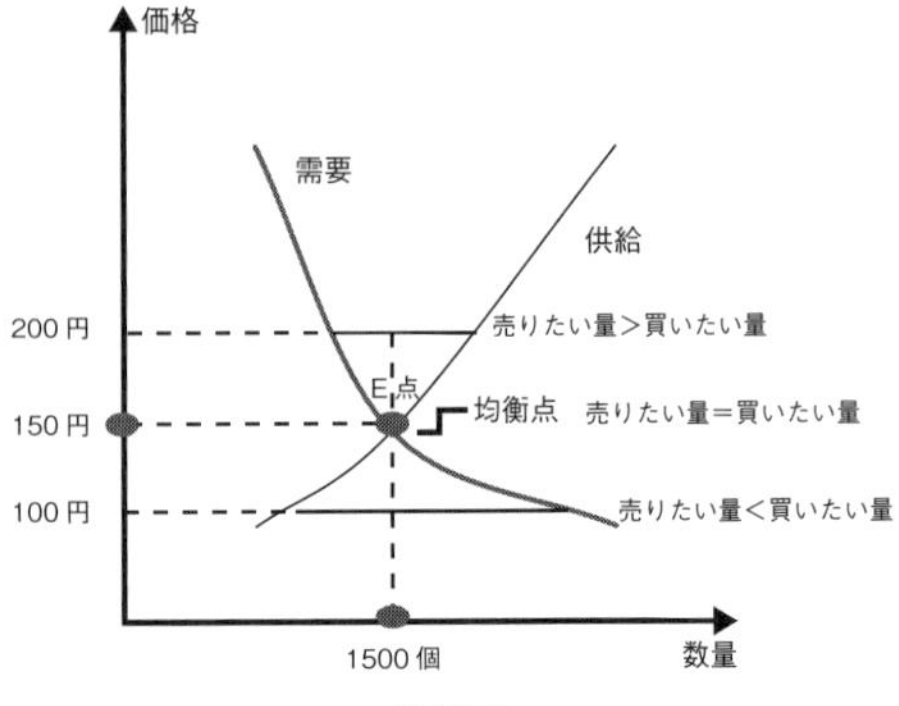

均衡点

交わったE点が「均衡点」となっていますが、このE点はどういう意味があるのでしょうか。この均衡点では、需要側が望む値段や数量と供給側が望む値段や数量とが一致しています。したがって、現実の値段がE点より高かったり、低かったりしても、E点に値段を動かせば、売れ残りはなくなり、買い手にとっても、売り手にとっても効率的な状況を創り出すことができます。例えば、値段がある点にあると、その値段を右に延ばすと、その値段での買いたい量と、売りたい量がわかります。

　値段がE点より高いと、売りたい量の方が買いたい量よりも大きくなり売れ残りが出てきます。逆に値段がE点より低いと買いたい量が売りたい量よりも大きくなるので買えない人が出てきます。このように、ある値段では売りたい量と買いたい量が一致していないときには、市場では、例えば、競り（オークション）のように、値段を上下させて、一致する値段で取引を確定できるようなしくみになっています。

このように両方の曲線が交差した点が「均衡点」であり、そのときの値段が「均衡価格」、そのときの取引量が「均衡取引量」と呼ばれています。そこが、競りで取引価格と取引量の決着がついたところなのです。以上がグラフによる「価格メカニズム」の説明になります。

この価格メカニズムのグラフは、いろいろな経済問題を考える際にはとても使い勝手がいいものです。ぜひ慣れてください。後ほど、第4章の市場における価格決定でも、再登場します。これからも、様々な価格メカニズムの応用例を、高校の「現代社会」や大学の「経済学」で学んでください。

次章からいよいよ値段を創り出す「長い旅」の始まりです。楽しんでください。

第3章　掛かった生産費用を取り戻せるだろうか

値段の旅の最初の舞台は生産者、農家の現場です。青果を例に、どのような生育過程を経ていくのか、その過程でどのような費用が掛かっているのか、農家という生産者にとって、その費用を回収するだけの値段（出荷価格）で出荷できるかどうか、いろいろなポイントがあります。

この章では、商品を供給する生産者が、どのように生産するか、生産量と値段をどう判断しているかを学びます。

1　ものを作るとは何だろう

まず、そもそもものを作るとは何でしょう。イチゴを例にとると、次の手順で進められます。まず、土地の上にイチゴを栽培するハウスを作ります。イチゴの苗を植えて、肥料を与え、病虫害を防ぐために農薬を使い、生育していく。途中では、日々、順調に生育しているかどうか、人手を使って確認します。収穫の時期を迎えると、一粒一粒でき具合を見て、収穫し、検査して、出荷のための包装をしていきます。

このように、ものを作るとは、最初は土地やパイプハウスなどの設備を用意し、栽培の段階では、苗、水、肥料などの原材料を、人手や機械を使って生育し、最終的に出荷できる商品に作り上げていくことです。

ただではものは作れない

しかし、問題は何をするにもお金が掛かるという点にあります。土地がなければ、土地を買う、パイプハウスも作る。その設備が出来たら、今度は苗や肥料、農薬を買ってくる。栽培中の生育の管理とか収穫時など人手や機械の手を借りるところでは、お願いした人たちへの賃金の支払い、機械が必要であれば、その購入費用や借りる費用も用意しなければなりません。水や電気代の支払いも必ずついてきます。これらの栽培、供給に掛かるお金を「費用」と呼んでいます。

もう一つの問題は、この費用をどう支払うかにあります。その支払いのためのお金をどう用意するか。①これまでに蓄えた貯蓄を崩すか、②その商品を売った収入の中から支払うか、または③借金して払うなど、いろいろ考えられます。しかし、②の収入はまだ入っていない段階であり、③の借金も後々の負担になるので避けたい。とすれば、①の自分の貯蓄から支払うのがいいことになります。

それでは、この貯蓄とは何でしょうか。貯蓄は、それまで何年にもわたって栽培、出荷してきたことで得られた利益が積み重なったものです。例えば、昨年度500万円の利益が出れば、それを貯蓄として蓄えて、今年度の費用の支払いに使うということになります。

利益が出ないと次年度に困る

イチゴの栽培にせよ、商品を供給することは、これからもずっと続けていく計画のもとで、行っているのは間違いありません。とすれば、続けていくためには、どうしても利益を出さなければならないことになります。さらに農家であれば、くらしを支えるための費用も入ってきます。したがって、翌年のそれらの費用の支払いができるように収

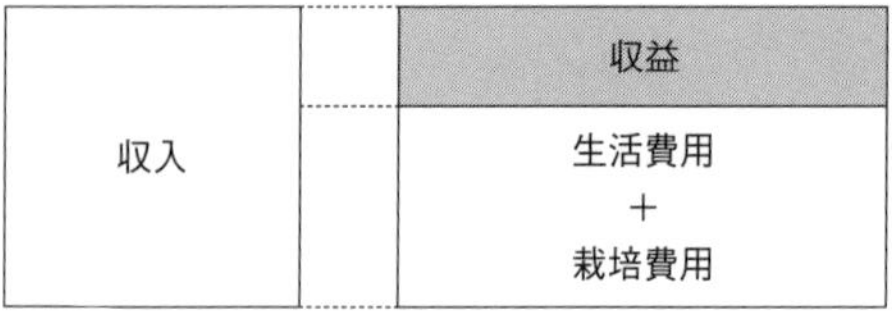

利益とは

益を出す必要があります。

ところで、利益とは、売り上げた収入から費用を差し引いたものです。

このことからわかるのは、費用を上回る収入がないと、利益が出ないということです。費用は栽培の始めから出荷までに掛かるものですから、あらかじめ、その費用総額はわかります。したがって、その明らかになっている費用総額を超えて必要な利益を出すためには、どれだけの収入が必要かはこの段階で明らかになっています。

仮に、イチゴの栽培費用が一パックあたり200円、必要なくらしの費用が同じく200円とすると、どれくらいの値段で売らなければならないでしょうか。

①500円

②６００円
③８００円

答えは③の８００円です。計算式は次のとおりになります。

今年度の支払い費用＝栽培費用２００円＋くらしの費用２００円

来年度に必要な費用＝栽培費用２００円＋くらしの費用２００円

来年度の費用を利益で賄《まかな》うとすると、利益は４００円必要になります。

来年度以降もイチゴを生産し続けるためには、今年度の収入で利益を出し、その利益で来年度の生産費用を賄えるようにしなければなりません。したがって、今年度の利益は来年度の費用を超える金額にならなければなりません。

したがって、（今年度に必要な）収入は、

利益（400円）＋費用（400円）＝800円

ここから、イチゴは一パック800円としなければならないことがわかります。これが目標とする販売金額になります。

収入が足りないと損失が出る

この収入と費用、利益の関係をグラフで確認してみましょう。

ところで、このようなグラフは、これからよく出てくるので、読み方を説明しておきましょう。わかっている人は、とばしてもかまいません。

縦軸は「費用金額」となっていますが、これは、上に行けば行くほど、金額が大きくなることを示しています。一方、横軸は「収入金額」となっていますが、これは右に行

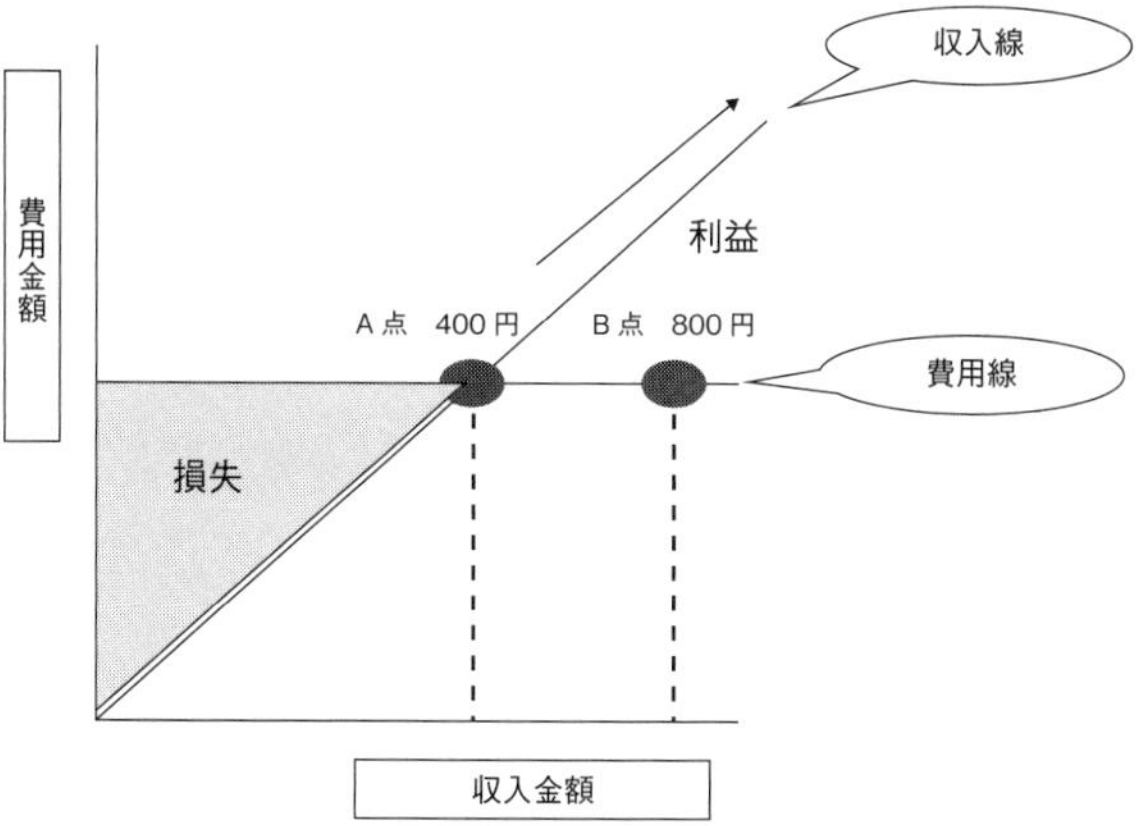

収入と費用、利益の関係

けば行くほど収入金額が大きくなることを表しています。また、収入線上のある点は、その左側に延ばした線が縦軸にぶつかるところにある「費用金額」と、下方に延ばした線が横軸にぶつかるところにある「収入金額」の組み合わせになります。

このグラフでは、A点の費用は400円、収入が400円と等しくなっています。費用と収入が等しくなっていることがわかります。

ここでは仮に費用は収入金額とは関係なく、同じ金額だけ掛かる、つまり金額が固定されているとします（厳密に言えば、収入金額が増えるのに連れて増える費用もあります)。また収入金額は、供給量を増やすことで、右側に行けば行くほど収入額は増えていきます。

このグラフのポイントは、A点400円よりも左側では、固定された費用に対して収入金額がまだ小さいので、利益が出ない、損失が出ている状況であること、逆にA点より右側では、費用より収入が大きくなって、利益が出ている状況を表している、ということにあります。

さらに、翌年にかかる費用のことを考えて、それを賄える十分な利益を出すためには、B点800円以上の収入金額が必要になることがわかります。

2 売れないのが最も困る

こうして見ると、売れない、期待より売れないことが最も生産者にとって困ることであることがわかります。売れなければ、十分な収入が入らず、事前に掛かった費用を支払えなくなります。利益どころか大きな損失を被ることになるわけです。

しかも、イチゴであれば、最初の親株(最初の苗)を植えるのは、収穫の一年前です。

店頭に出るまで一年間掛けて、最終的に売れるかどうかはまだわかりません。栽培したイチゴの先行きはまだまだ不透明です。

第1章では、このように将来がどうなるかわからないことを「不確実性」、また将来、損をするかもしれない危険性を「リスク」と呼びましたが、生産者は日々、その不確実性とリスクをどう克服していくかという難しい仕事をしているのです。

ところが、生産者にとって、やっかいな不確実性とリスクを生み出しているのは、他ならぬ私たち消費者なのです。

私たち消費者が生産者のリスクを創り出す

私たちの何げない消費行動がどのような不確実性とリスクを生み出しているのでしょうか。そもそも、イチゴであれば、一年間栽培し、出荷して、店頭に並ぶのはちょうど完熟するころの二、三日間に過ぎません。そもそも「不確実な」将来に向けて生産をしているのです。そして、その短期間に売り切れるかどうかもわかりません。困ったことに、私たちはそのイチゴについて、買うか、買わないかまたはどちらとも決めないという三つの異なる態度を取っています。

第一の「買う」場合。問題ないように思われますが必ずしもそうとは言えません。全部を買わないで、結果として売れ残りが出る場合、十分な販売収入を得られない「リスク」があります。また売れたとしても、想定していた値段で売れない「リスク」もあります。

売れ残りが出る場合、それだけ無駄な生産をしたこと、また逆に売り切れて足りなくなった場合には、せっかくの収入を増やす機会をみすみす失ってしまうことにもなります。

第二の「買わない」場合。当然ながら、必要な収入を得られない大きな「リスク」につながります。その一年間に、消費者の好み、嗜好《しこう》が変わったり、経済環境が変わり、不況になったりすることで、売れなくなるリスクは常に存在しています。

第三の「買うか、買わないか、よくわからない」という曖昧な態度も、生産者には困りものです。例えば、出始めのまだ需要が小さいときには、市場に出していいかどうかも、迷わせる「不確実」な話になります。しかし、生産者は、不確実な先行きでも生産を止めるわけにはいかないのです。

このように消費者に関わるリスク以外にも、他の生産者、他店との競争や、栽培途中で台風とか自然災害に遭《あ》うリスクもつきものです。生産者は、多種多様なリスクと不確実性に囲まれています。

値段も勝手には決められません

それと言うのも、イチゴを売って収入が得られるのが生産を始めてから一年後という点にあります。その一年間に何が起こるか、事前には把握しきれません。

特に問題なのは、イチゴの生産、栽培過程では、苗代、肥料代、電気・水道代、資材費、人件費等々、様々な費用が掛かっており、おまけにそれらは、既に支払い済みになっていることです。イチゴの販売価格の大体四割ぐらいが、その生産に掛かった費用、「原価」になると言われています。

それらの費用を先払いしているのは、もちろん、売れた後に入ってくる収入をあてにしているからです。したがって、見込み通りの収入を得るためにも、売る場合の値段は

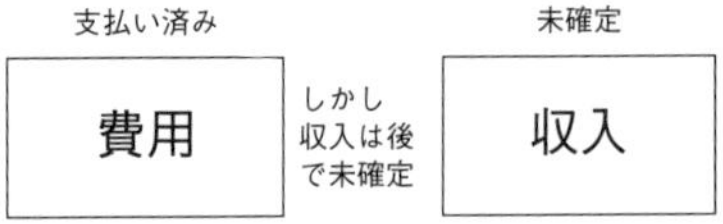

費用は先払い、収入は後

決定的に重要であることがわかります。次の式のとおり、販売数量が多くても、一パックあたりの値段が安ければ十分な販売収入は得られません。逆に一パックの値段が高くても、販売数量が少なければ、十分な販売収入を得られません。

一パックの値段×販売数量＝販売収入

単純に掛かった費用を支払い、十分な利益が出るように値段をつければいいかというと、そうとも言えません。仮に、台風被害で大損害が出た場合など、予期しがたい生産できなくなるリスクも勘案して、損害が大きくならないようにも値段を決めておきます。通常は、費用に期待する利益を上乗せして、値段を決めます。

しかし、そうやって、生産者が「勝手に」つけた値段で売れることは保証されていません。それこそ無数、多数のイチゴ生産者がイチゴを作っている中で、一件のイチゴ農家がつけた値段が他のイチゴよりも高すぎると当然ながら売れなくなります。

個々の生産者は、スーパーとかに出回っている多くのイチゴがどれくらいの値段で売られているか、一般に売られている値段を「相場」といい、その相場を前提に値段をつけなければなりません。なお、その相場は「市場価格」と言われており、次章で詳細を説明します。上のグラフのとおり、常にこの相場は揺れ動き、個々の生産者はその動きに従わざるを得ないのです。

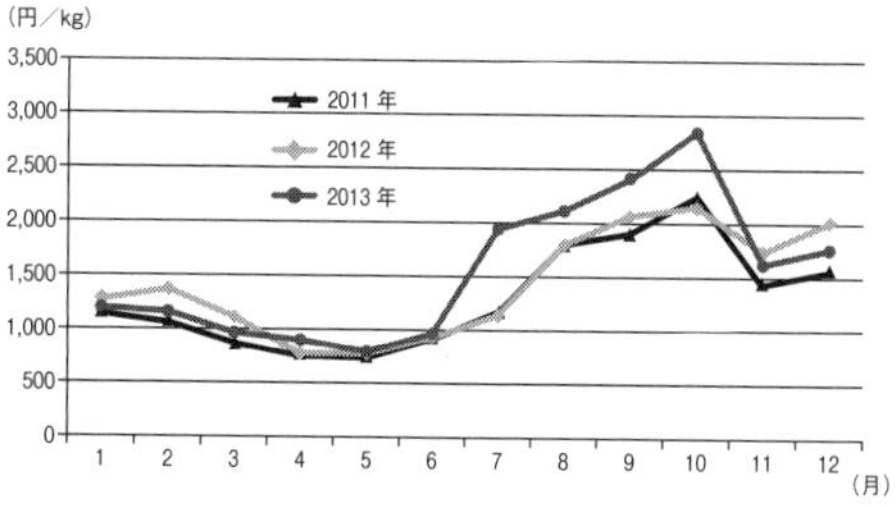

揺れ動くイチゴの相場（市場価格）

つまり、値段をつけるにあたっては、掛かった費用を回収して利益が出ることと、市場価格にしたがってつけなければいけないという二重の制約があります。おまけに、その市場価格も日々変動し、固定されたものではないのです。その市場価格の変動次第では、想定した値段にならず、最終的に費用を回収できる収入を得られないという「リスク」も潜在的に存在しています。

3　利益を大きくしたい

生産量をどう決めるのだろうか

一方、そういった条件下で生産量はどう考えられているのでしょうか。

ここでも、生産者は、二つのことが両立できるように生産量を考えています。一つはできるだけ多くの利益を上げること。もう一つはちょうど多すぎもせず、少なくもない売り切れる水準にあることです。

最初の点を考えてみましょう。まず、手持ちの資源、農家であればその土地、設備を使ってできるだけ多くの利益を得られる生産量であることが求められます。

少し難しいのですが、損益分岐点という考え方があります。これは、掛かった費用を前提に考えれば、どれだけの収入であれば、利益が出るか出ないか、ちょうど収入と費用が同じ、収益か損失か、その分岐点を見つける考え方です。

この「損益分岐点」は正確には次のグラフで説明できますが、経済学の本をはじめて読む読者には難しいので、スキップしてもかまいません。

六三頁で見たグラフと異なるのは、費用が固定的に掛かる費用と変動する費用とに分けられている点です。現実の費用はこのように固定費と変動費に分かれています。

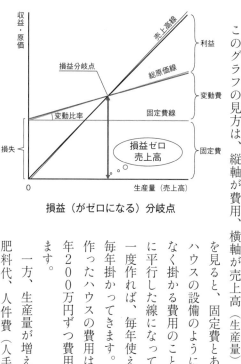

このグラフの見方は、縦軸が費用、横軸が売上高（生産量）になります。縦軸の費用を見ると、固定費とありますが、これはイチゴハウスの設備のように、生産量の大きさに関係なく掛かる費用のことです。したがって、横軸に平行した線になっています。イチゴハウスは一度作れば、毎年使えますが、費用としては、毎年掛かってきます。例えば、２０００万円で作ったハウスの費用は、建ててから十年間は毎年２０００万円ずつ費用として掛かる計算になります。

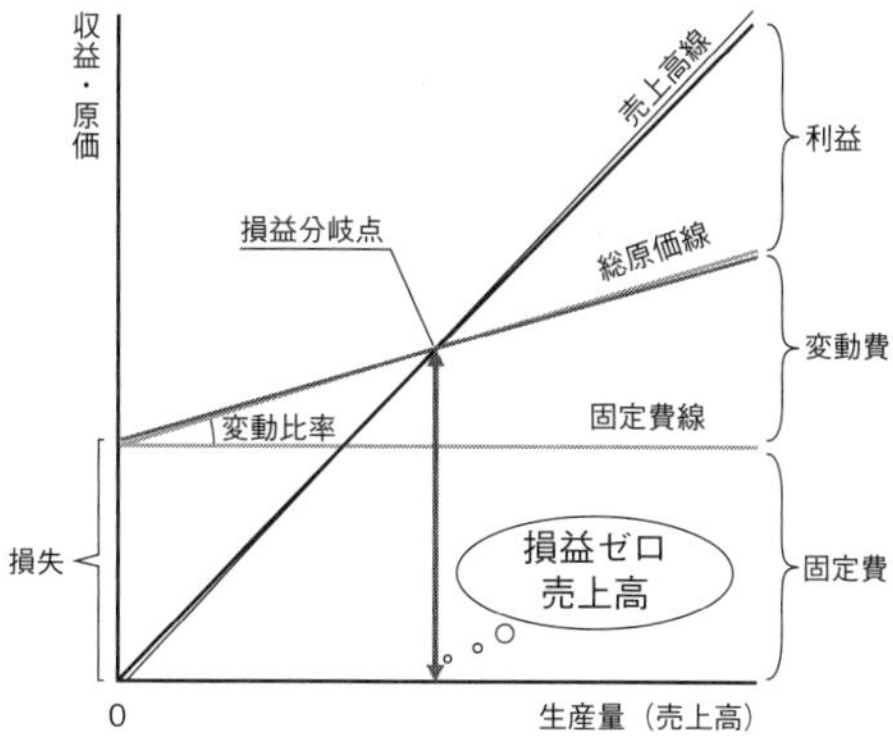

損益（がゼロになる）分岐点

一方、生産量が増えると同時に増えていく、肥料代、人件費（人手を頼む経費）は、変動費と呼ばれ、グラフのとおり、斜め上に増えていきます。

　このように費用は固定費と変動費を足したものであり、変動費が増える分、売上高が増えるとその総費用も増えていきます。

　売上高の線は、四五度の角度で増えていきます。したがって、費用が大きく、売上が小さいときには、損失が発生し、売上が大きくなると利益が生まれます。その売上高の線と費用の線が交差する分岐点になるのが、グラフの損益分岐点の売上高になります。損益分岐点では、売上と費用が同じになっています。

　このように、固定的に掛かる固定費と売上に連動して掛かる変動費がわかれば、利益を出し損失を出さない収入の分岐点を知ることができます。その収入を超えて、できるだけ利益を増やすことが重要になります。

固定費	売上高、生産量に関係なく一定に発生する費用。売上高ゼロでも発生する。	設備、機械投資額など
変動費	売上高、生産量に応じて発生する可変費用。売上高ゼロでは発生しない。	農業、肥料、光熱費など

固定費と変動費

最も利益を多くすることが目標

収入と費用が等しくなるようにポイントを見つけて、それ以上の収入が得られるように、生産量を決めればいい。できるだけ生産量を増やせば、それに連動して利益も増えていくのでしょうか。しかし、ここは、そう簡単な話ではありません。

イチゴを作っているハウスの大きさも、栽培に携わる人手もあります。あまり生産量を増やしすぎるとイチゴハウスを増設したり、人手をさらに増やさなければならなくなります。そうした追加費用を掛けた場合に、増設した設備から生まれる収入よりも費用の方が掛かりすぎるという状況に陥ってしまうことがあり得ます。結論から言えば、そうならない、ぎりぎりのところまで生産を増やし、これ以上作ると収入よりも費用の方が掛かるというぎりぎりのところで生産量を決めることになります。

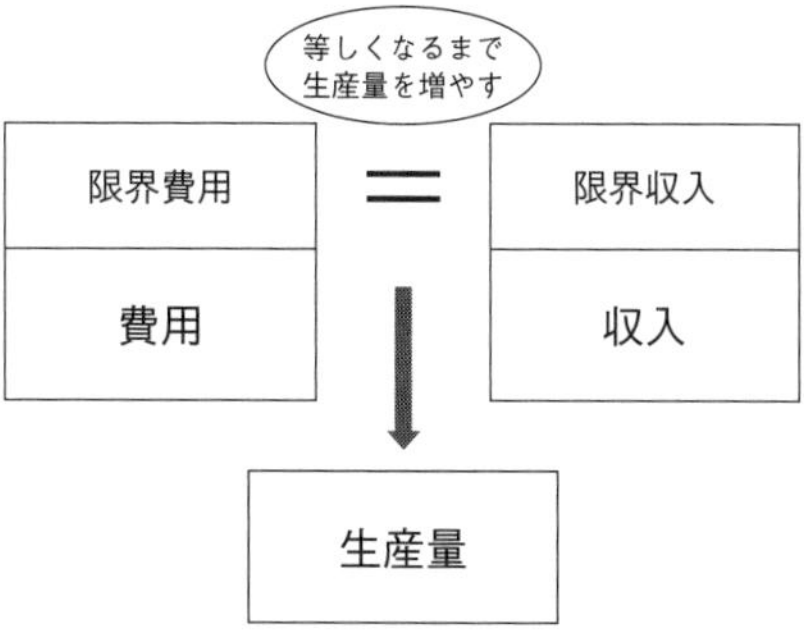

生産量の決定

　経済学では、その新たに追加した費用一単位を限界費用、新たな収入一単位を限界収入と呼び、限界費用が限界収入と等しくなるところまで、生産量を増やすことが、利益を最大にすることになるとしています。

上のグラフは、その状況を表していますが、ここも難しければスキップしてもかまいません。

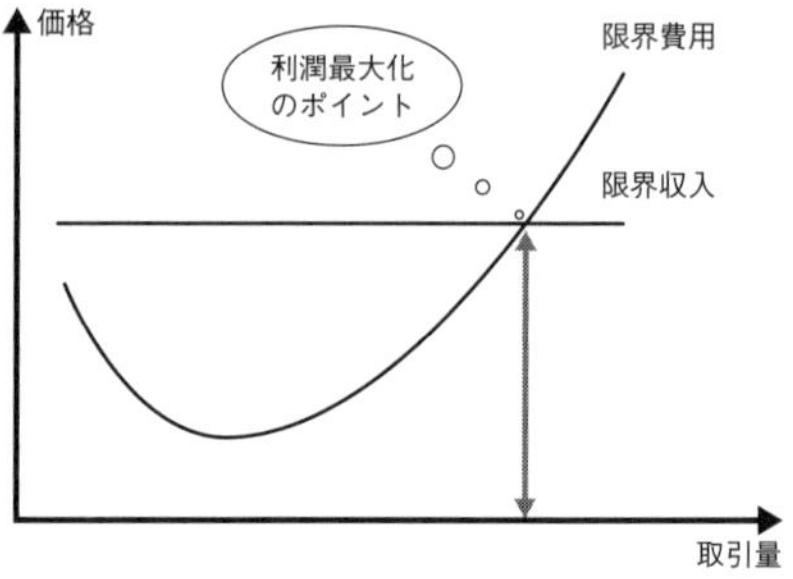

限界費用と限界収入

売り切るようにしたい

もう一つ、生産量を決める際に念頭に置かなければならないことがあります。それは、生産量を決めるにあたっては、その生産が無駄にならない、不足にならないように、作りすぎにも、不足にもならない、ちょうど売り切れるだけの生産量にすることです。

ここで重要なことは、前章で学んだ点、消費者がどの値段ならどれだけ購入するかという需要の動きです。その需要の動きに合わせて、値段と生産量、出荷量を決めます。

値段も、その対象となる顧客層にとって買いやすい、いわゆる「お買い得」の値段にする必要があります。値段は、どういった顧客層に売るかでも変わってきます。私たちが欲しいときに店に行くと大体、その商品が買いやすそうな値段で置いてあるのは、そのせいなのです。供給者、売り手にとっては、最終的に費用を回収し利益を確保するために、生産量、値段をどう決めるかは、最も重要なポイントです。

とは言っても、売る値段も販売量も、あくまでその条件で売れなければ元も子もありません。実現できなければ絵に描いた餅で終わってしまうことになります。作る側の厳しさは買う側の厳しさとは比較になりません。

4　リスクの少ない行動を選択する

なるべく需要の動きに合わせる

以上のように、生産者は、不確実な将来、多くのリスクに囲まれながら、商品を売り、掛かった費用を回収できるだけの収入を確保しなければなりません。そういった厳しい環境下では、生産者はなるべくリスクが小さくなるように、行動します。消費者の需要

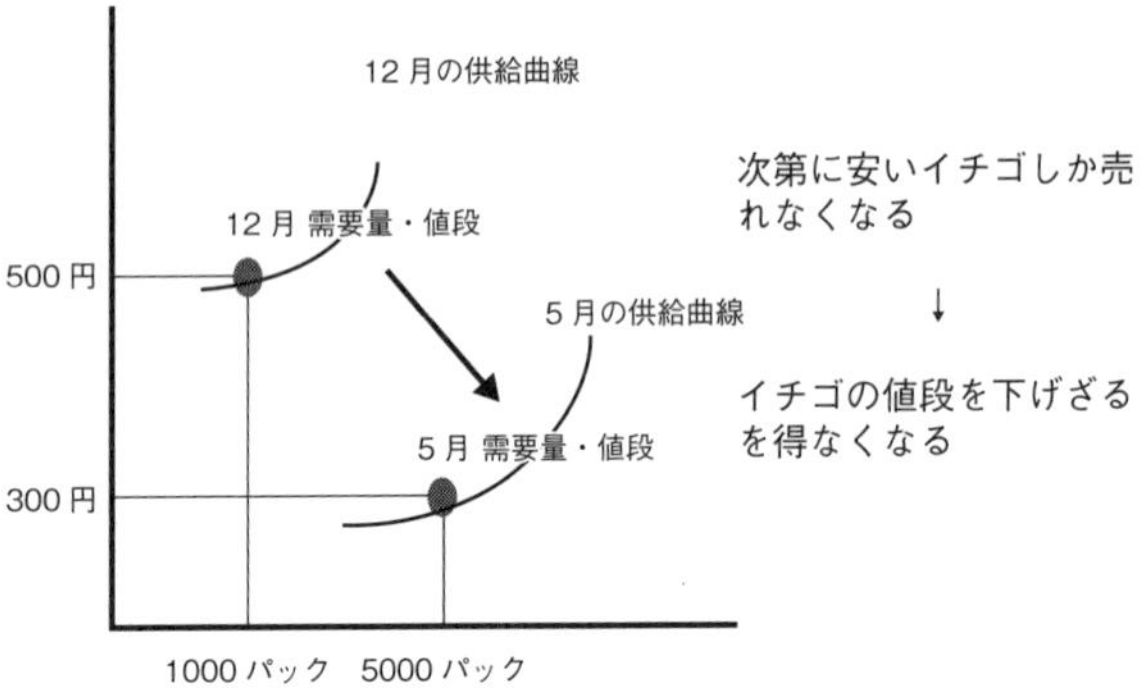

イチゴの需要と供給

の動きとかけ離れた生産量、値段にすると、結果的に損失も大きくなる危険性があるからです。

消費者の需要にどう合わせていくか

とにかく、買ってくれなければ、生産、供給する意味はありません。ここでは、目まぐるしい需要の動きにどう供給を合わせていくのでしょうか。

イチゴという季節性の強い商品は、クリスマスあたりをピークに、どんどん需要は減っていく。それに連れて、値段も下がっていきます。その繰り返しです。上のグラフの見方は、縦軸がイチゴの値段、横軸が販売量を表しています。例えば、クリスマスのころは、高いイチゴが最も売れ、500円のイチゴが一〇〇〇パック売れます。一方、五月になると低価格の３００円のイチゴが五〇〇〇パックと、全く需要、売れ筋が変わってきます。

しかし、なぜ、五月にそれほど値崩れしているのでしょうか。それは、五月の時点では、値段を下げて売らないと、作ったイチゴをさばけないからです。季節性のあるイチゴのような商品は、鮮度を表す「旬《しゅん》」を過ぎると大幅に商品価値は低下し、需要も減るので、値段も下げざるを得なくなります。

この話は、先のグラフのとおり、値段と供給量の関係を表す供給曲線と、同じく値段と需要量の関係を表す需要曲線の組み合わせで考えることができます。一二月には高級なイチゴが最も売れているので、生産する側の供給もそれに合わせざるを得ません。一方、五月になると需要が減り、需要曲線が右側に移り、安いイチゴしか売れなくなります。

となると、供給側もその動きに合わせて、安いイチゴを中心に作ることになります。それが、供給曲線の右下への移動になります。このように値段を下げないと売れなくなることを「需要が弱くなる」と言い、需要が弱くなると、その値段でどれだけの供給をするかというように、供給も変わらざるを得なくなります。そして、一二月になるとまた需要が強くなり、供給側もそれに合わせる。その繰り返しです。

だから、買う需要が強く、購入量が増えていくときには、生産者も同じように供給量を増やし、値段も下げていくことで、さらに需要が増えるように調整していく。逆に需要が弱く、購入量が減っていくときには、供給量を減らしていき、値段も下げ、極力需要の動きに合わせて供給する。

結局、供給も常に動くことになります。

5　いよいよ出荷へ

お互いに顔も知らないのにどうして売れる

これまで、消費者と生産者があたかも向かい合って売り買いしているように書いてきましたが、現実に生産者は、産直などを除けば消費者と向かい合うことは少ないのが普通です。それどころか、イチゴは、私たちの知らない遠距離にある生産地で栽培、出荷されています。生産者にしても、どこの誰が自分たちのイチゴを買ってくれるかを知っているわけではありません。それなのに、どうして需要と供給、売り買いの値段と購入量が調整されるのでしょうか。

ここで、生産者は必ずしも消費者相手に売っているわけではないことに注意してください。

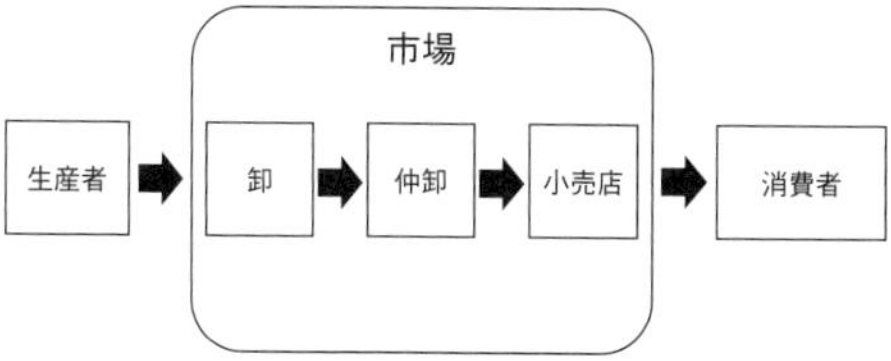

サプライチェーン

生産者が通常販売する相手、すなわち買い手は「卸《おろし》」という、生産者と小売店との間に入って、売り買い、値段と購入量を調整してくれる業者なのです。生産者は卸に商品を売ったり、または販売を委託します。私たちが日頃買いに行くスーパーなど小売店は、直接卸から買いつける場合もありますが、通常は「仲卸《なかおろし》」という、小売店から委託されて「卸」から買いつける業者から購入します。

このように、イチゴが生産者から私たち消費者の手元に届くまでには、このようなステップ、段階があります。生産者と消費者の間には、その間をつなぐ企業群があるのです。このしくみを

「サプライチェーン（供給側の複数の企業のつながり）」、または流通機構と呼んでいます。

このしくみがあるから生鮮品を食べられる

このしくみがないとどうなるでしょうか。例えば、私が福岡の「あまおう」を食べたいと思ったら、福岡の生産者に直接連絡を取って買う以外にありません。いちいちそんなことをしているのは、とても手間が掛かるし、送料もばかになりません。

このしくみがあるおかげで、全国の膨大な数の生産者と消費者があたかも向き合ったかのようにイチゴの売り買いができるのです。多くの生産者は、全国各地にある「卸売市場」という、卸と仲卸、小売店が集まって売り買いをする場所に送る。卸はその全国から集荷したイチゴを、仲卸を通じて小売店に販売する。つまり、卸が間に入ってくれるおかげで、全国の生産者も小売店も、卸売市場に行くだけで、出荷し購入することができるうまいしくみなのです。

このようにイチゴの生産者は、近隣にある卸売市場の卸に向けて出荷します。後は、卸を通じて、期待する値段と供給量の実現を図ってもらう。これは、第4章で説明しま

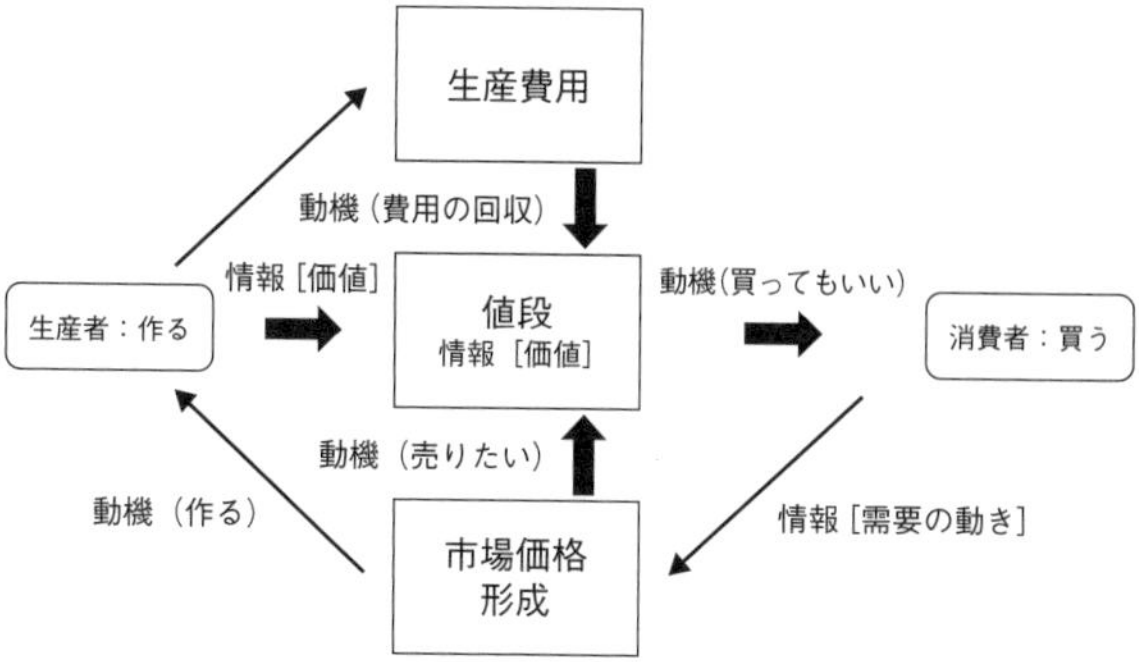

生産者にとっての値段の役割

しょう。

6　値段は生産者の生命線である

最後に、生産者にとって値段はどういう役割を果たしているのか整理してみます。

値段は生産者にとって生命線とも言える役割を果たしています。消費者に対しては、値段を通じてその商品の商品価値という情報を伝え、消費者の買う動機を創り出す。同時に、その値段は、商品を生産するのに掛かった費用を回収しなければならないという動機も反映しています。

値段を見て買ってもいいという動機が生まれた消費者が実際に買うことで、需要は生まれます。売れ行きが悪ければ、値段が下がって需要を創り出し、最終的に、ちょうど売りと買いが釣り合う値段、市場価格が創られていきます。

翻って、生産者はその市場価格を見て、全体での需要の動き、この値段ならどれだけ売れるかを見極めて、生産する動機が生まれます。

このように、生産者にとっては、値段を通じて消費者の動機に働きかけることから始まり、それが自らの経営を維持し、次の生産への動機につながっていきます。生産者にとって値段は生命線なのです。

第３章で学んだ経済学のキーポイント

①生産にあたっては、生産に必要な原材料、資材、機械、設備などに掛かるお金を「費用」と呼んでいます。
②値段は、費用を支払い、利益が出るようにつける必要がありますが、同時に出回っている商品の値段、「市場価格」を重視する必要もあります。
③生産量を決めるには、手持ちの設備などの制約の下で極力多くの利益を産み、需要に見合った量にする必要があります。
④供給側の値段と供給量の関係は、供給曲線で表されます。

実践に結びつく学び

自分が将来生産者の立場になったら、何を考えて値段をつけ、生産量を決めるべきでしょうか。

お勧めの習慣

消費者に受け入れられる値段をつけてみましょう。

第３章の経済学用語

原材料＝ものを作るときの元になるもの
設備＝生産する建物に備えつけられたもの
機械＝生産するために動かすもの
固定費＝売上高に関係なく掛かる費用

変動費＝売上高の増減に連動して増減する費用
利益＝収入から費用を差し引いた残り
損失＝費用のうち、収入を上回った分
貯蓄＝稼いだ所得のうち、消費しない分
損益分岐点＝収入と費用が一致する点
供給の法則＝値段の上下に合わせて供給量も上下する
市場《しじょう》＝財が売り買いされる（見えるかどうか問わず）場所。値段が需要と供給の関係に依存している経済システム
市場価格＝市場で需要と供給が釣り合った価格
技術進歩＝生産する技術が向上すること
サプライチェーン＝消費者と生産者の間の企業のつながり

第4章　値段が市場で瞬時に決まるしくみとは

いよいよ出荷された野菜が市場《しじょう》に登場するところです。市場では、生産者から買い取った（委託された）商品を売りさばく卸《おろし》と買い手の小売店との間での売買取引が行われます。競りを通じて、売り（供給）と買い（需要）が一致するように取引値段、取引量が決まります。ここが、「価格メカニズム」を通じて「市場価格」という「値段」が誕生する瞬間です。

本章では、市場では値段がどう決められていくのか、どういうしくみ、メカニズムがそこにあるのか、第1〜4節では現実の市場のしくみ、構成などについて、第5節ではそのしくみの働きについて経済学を使って説明します。第6節では、特に市場の値段を決める競り（オークション）という興味深い価格メカニズムについて、具体的な考え方を説明します。

本章により、市場を中心とした経済のメカニズムがどう動いているか、どう経済学で説明できるかを知ることができます。

1　現実の市場はどういうしくみなのだろう

市場は売り買いをする場所

市場とは、売り買いをする場所です。あるものに対して、買いたい人と売りたい人がいるなら、そのものに関する市場があると言えます。あなたが、誰かとものの売り買いをすると、そこには小さいけれども、市場ができることになるのです。「朝市」やフリーマーケットはもちろん、コンビニやスーパーのような小売店も、一種の

カムデン市場

市場と見ることができます。日本では、古代から市《いち》とも呼ばれ、お祭りや祭礼のときなどに開かれ、現在でもその名残が残っています。

市場には二種類あります。一つは、フリーマーケットのように、私たち消費者が直接売り手と向かい合う「市場」、もう一つは、ビジネスの場、企業と企業が取引をする

「市場」です。例えば、ロンドン北部にあるカムデン市場（前頁）は、工芸品、衣料品、骨董《こっとう》品などの店や屋台が並び、毎週約二五万人の人が訪れる観光名所になっています。

一方、企業同士が取引する場としては、例えば、世界最大の花卉《かき》（花が咲く草）の市場が、オランダのアールスメールという町にあります。一〇〇万平方メートル、サッカー場一二五個分の広大な屋内で、一日に七〇〇万本のバラ、三〇〇万本のチューリップ、それ以外の一〇〇〇万本の花が取引されています。世界の花の四割がそこで取引されていると言われています。アフリカ、中南米から空輸で花が運ばれ、二〇〇〇人の買い手が訪れます。買われた花は、今度は空輸で、世界中の消費者のもとに届けられるのです。

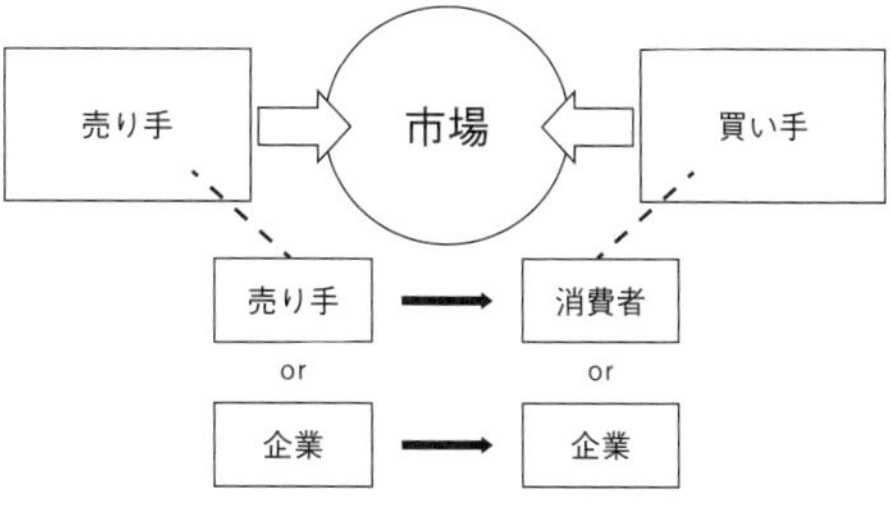

売買と市場

　私たちの周りにはものの売り買いに止まらず、実に多くの市場があります。例えば、株式を売り買いする株式市場、企業に就職し、その代わりに賃金を受け取る雇用市場などがあげられます。お金のやりとりには、その裏側では何らかの売り買いがあり、それが市場になってくるのです。

このように、市場は古今東西、場所、大小、かたちを問わず、知らず知らずのうちに私たちの経済に根付いています。第2章でも説明したように、これを総称して、「市場経済」とも呼んでいます。

2 市場には商品も企業も集まってくる

サプライチェーンの企業の取引の場

私たちのまちや多くの都市にも、「卸売市場」と呼ばれる市場があります。これは、野菜、果物といった青果物、水産物、花卉の企業同士の売買を行う市場です（卸売市場を以下「市場」と呼びます）。この市場に参加しているのは、前章でサプライチェーンと呼んだ、生産者と消費者をつなぎ、中継ぎをする企業群です。

すなわち、生産者から生産物を仕入れる卸（卸売業者）、卸から生産物を仕入れて小売店に販売する仲卸《なかおろし》（仲卸業者）、さらに仲卸または卸から競りまたは相対《あいたい》で仕入れる

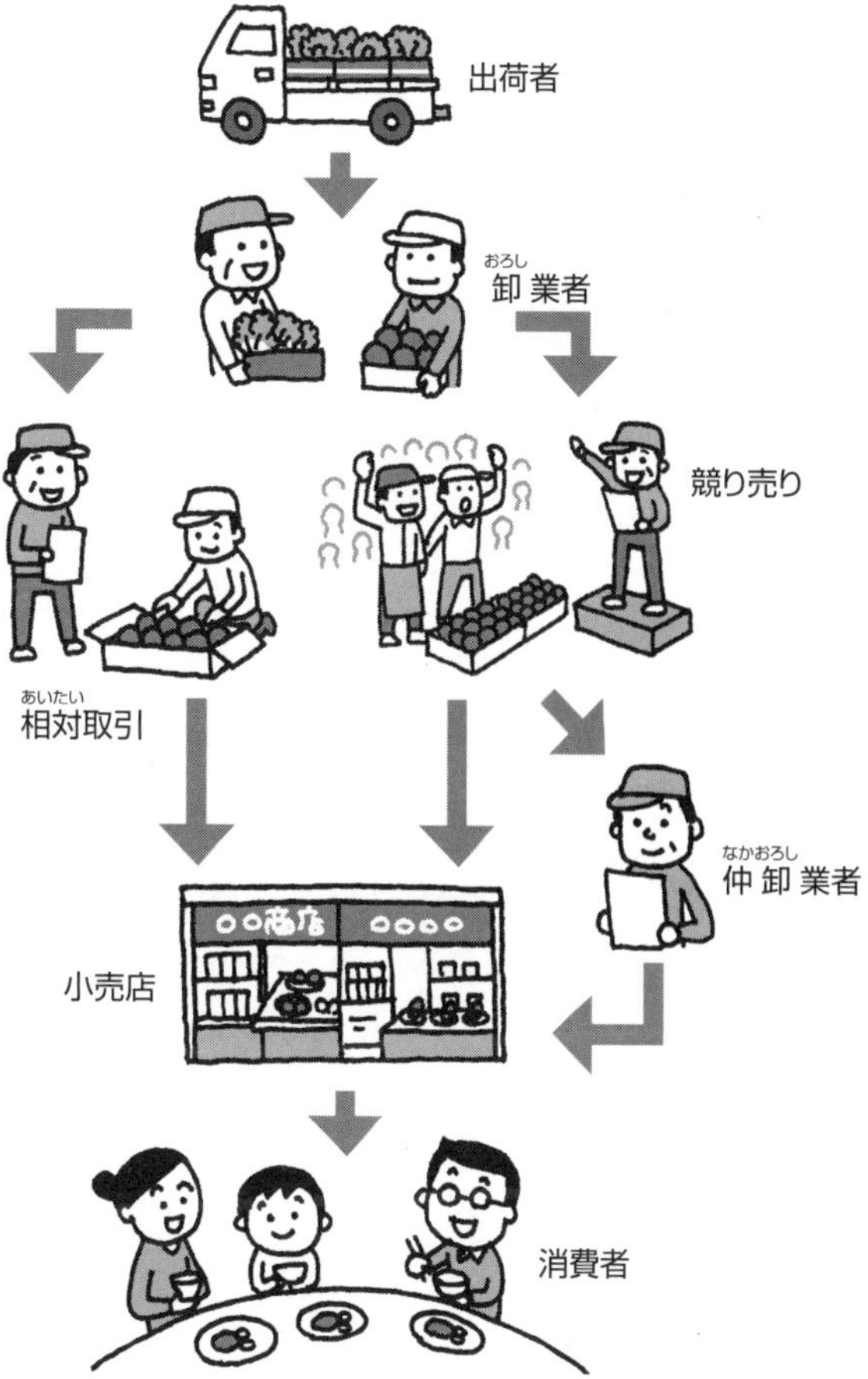

市場のしくみ

小売店から構成されています。

市場の朝は早い。前日の夕方から取引当日の早朝に、全国から大量、多種類の商品が卸のもとに集まってきます。小売店には、当日朝の開店に間に合わせなければならないという事情があります。したがって、卸は、仲卸または小売店との売り買いを、できるだけ早く終わらせなければなりません。生鮮品は、時間が経《た》つと鮮度が落ち、商品価値も落ちてきます。その意味で、市場は時間との勝負の場でもあります。

この市場のおかげで、私たち消費者は前日または前々日に私たちの知らないところで生産された生鮮品を、今日の食卓に並べることができるのです。

なぜ、企業も商品も市場という一カ所に集まっているのでしょうか

ところで、卸売市場に限らず、日本でも海外でも、市場は必ず一カ所に集中しており、商品だけでなく売り手も買い手もそこに集まってきます。これはなぜでしょうか。それは、売り買いの取引に無駄な費用を掛けないためなのです。取引には様々な費用がありますが、次のとおり、市場のおかげで無駄な費用をかけなくても済むようなしくみにな

っています。

第一に、市場に参加している売り手と買い手、双方にとって、共に一カ所に集まっていることで、誰が買ってくれるか、売ってくれるか、お互いに相手を探す費用を減らすことができます。

第二に、市場に行けば、どんな産品がどれくらいの量を入荷しているか、市場全体ではどのような値段で取引されているか、大事な情報を、費用をかけずに得ることができます。

第三に、生産者にとって、市場に送りさえすれば、様々な買い手に売ることができるので、商品の輸送費用を減らすことができます。

第四に、小売店にとっても、市場に来るだけで、様々な品目を買うことができ、様々な場所で個別に買う手間や費用を省くことができます。

さらに、無駄な費用を省けるだけでなく、市場では安心かつ確実に取引ができることも、企業にとってはありがたいことです。

とにかく、多くの品目の生産物が、多くの生産地から集まってきます。小売店は、日々何千という品目を揃《そろ》えなければなりませんが、市場に行けば、確実に欲しい品目を見つけられる可能性が高いのです。また、事前に必要な品目がわかりさえすれば、取引日の前に予約して確保することもできます。生産者にとっても、多くの買い手が来ているので、買い手を確保しやすいとも言えます。

また、卸売市場で取引に参加している企業は、市場から許可された信頼できる企業ばかりなので、買う商品の品質も代金の支払いも保証されています。

このように、市場は企業にとって、安心・確実に無駄なく取引をすることができる大事な場所なのです。

費用が掛からないと値段も上がらない

また市場があることで取引に無駄な費用が掛からないことは、私たち消費者にも恩恵があります。それは、私たちが支払う値段には、生産に掛かった費用だけでなく、生産者から市場を通って小売店に来るまでの費用も含まれているからです。市場で無駄な費用が掛からなければ、その分、値段も抑えられることになります。その意味でも、市場は、私たち消費者にとっても大事な場所なのです。

3　卸が市場の要で、売り買いをさばく

市場取引の審判役

市場の要《かなめ》にいるのが、卸です。卸は、全国の生産者から集まってくる商品を集荷して、仲卸や小売店に分配、販売します。その過程で、売る側と買う側の間に入って、生産者と仲卸、小売店の両方が納得できるように、値段と取引量を調整します。

市場内では、すべての取引を迅速に終わらせる必要があります。そのために、卸は、仲卸、小売店が取引の準備ができるように、入荷した商品の品目、数量や規格などを事前に公開しています。

しかし事前に決まった値段はない

しかし市場には事前に決まった値段はありません。値段は、すべて売り手である卸と買い手である仲卸、小売店との間の取引交渉で決まってくるものなのです。相対取引も

同じです。それは、生産者から入荷する品目、数量も、買い手が希望する品目、数量も、日々変わり、したがって、両者が納得して合意できる値段も常に変わるからです。

売り手と買い手の間の取引交渉は難しいものです。売る側はもちろん高い値段で売りたい。買う側は安い値段で買いたいと、全く逆の希望を持っています。またお互いの手の内ももちろんわかりません。卸はこの難しい状況をどう解決するのでしょうか。

だからこそ、卸という間に入る審判役が必要になるとも言えます。一般的には、売り手と買い手との間の取引交渉は、どちらが引っ張る力が強いかという、綱引関係に似ています。

売り手と買い手のどっちが引っ張る力が強いか、それとも同じか。売り手の方がどうしても売りたければ、値段を下げてでも売り切りたい。この場合は買い手の方が引っ張る力が強く、主導権を握っています。

逆に買い手の方がどうしても買いたければ、値段が高くなっても買いたい。この場合は、売り手が主導権を握り、引っ張る力も強くなります。

双方の引っ張る力が同じなら、主導権の取り合いで値段も簡単には動かなくなります。

例えば、イチゴは出始めからしばらくは、出荷量が増えても値段はあまり動かないのですが、それは、その時期の売り手と買い手の引っ張る力が釣り合っているからです。逆に、旬の時期を過ぎて、値段が急激に下がっていくのは、買い手側が主導権を握り、値段が下がらなければ買わなくなっているからです。こうして見ると、イチゴの場合は、結局は買い手が綱引の主導権を握り、それが値段に反映し、下がっていくことがわかります。

綱引の審判が最終的に勝負の決着を見極めるように、卸は、審判役として、売り手と買い手の双方が受け入れられる値段と数量を決める役割を果しています。

審判役としての難しさもある

しかし、卸には、生産者と買い手との間をさばく審判役としての難しさもあります。それは、厳密に言うと、卸と生産者の間には、二つの取引のかたちがあるからです。

一つは、生産者から手数料と引き換えに買い手への販売を頼まれる、つまり委託される場合。卸から買い手に品物を渡すことを「卸す」といいますが、この場合はただ生産

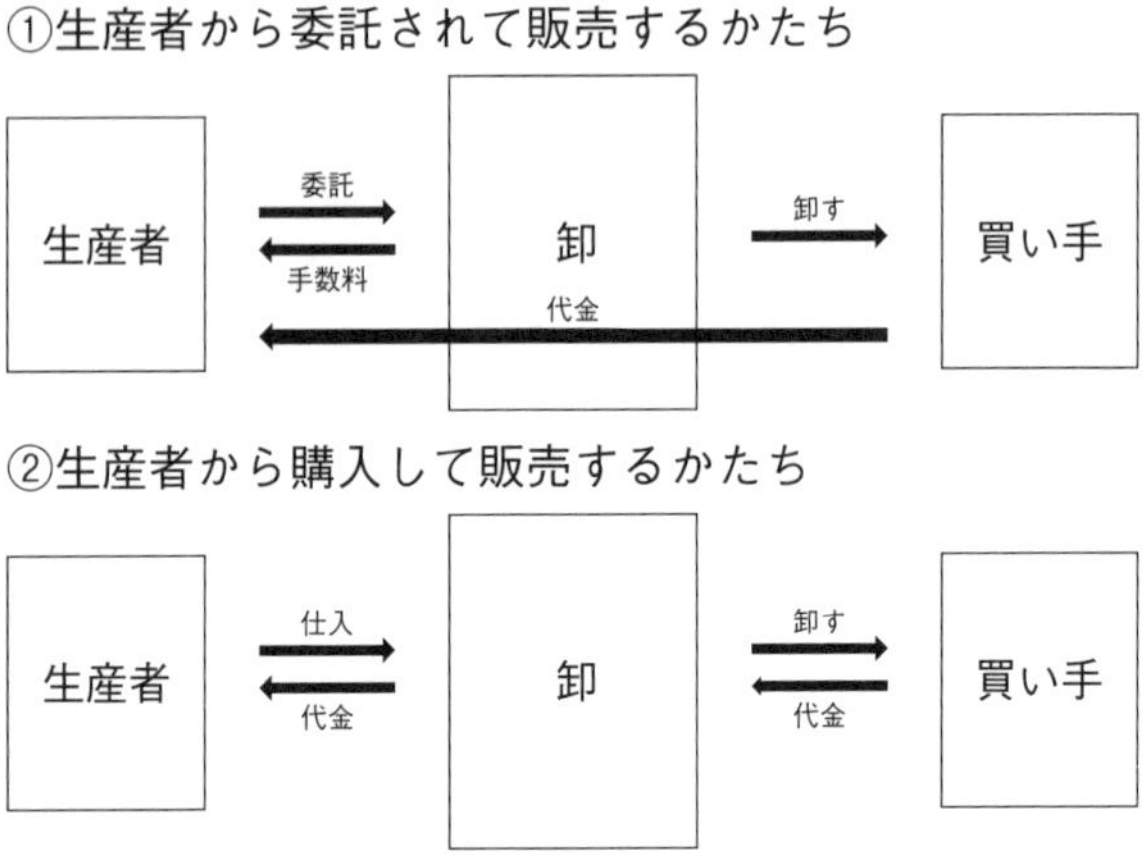

卸と生産者間の２つの取引

者の代わりになって、商品を卸すだけなのです。もう一つ、卸が生産者から購入することを「仕入」と言いますが、これは、生産者から仕入れて、さらに買い手に卸す場合です。言い換えれば、卸が生産者から購入したものを、再び買い手に販売するかたちです。

いずれの場合も、卸は生産者と買い手との間の真ん中にいることには変わりはありません。ただ、その立場は実際にはまったく異なります。その違いを明らかにしてみましょう。

最初の委託される場合、卸は高く売ってほしい生産者と、できれば安く買いたい買い手との間に立っています。双方が納得するように、そこまで高くなく、安くなりすぎないところで決着することだけを考えていればいい。自分は既に生産者から手数料を受けとっているので、いずれにしろ自分のふところは傷みません。だから自分には損得は出てこないのです。

しかし、もう一つの買い取る場合は、うまくさばかないと自分のふところが傷み、損が出てしまいます。生産者から一旦購入して、それを卸し、売りさばくわけですから、そこで損を出すわけにはいきません。購入した値段よりも安く卸すわけには決していきません。例えば、生産者から500円で仕入れて、700円で卸せば、200円の利益が出てくるから問題ありませんが、仮に300円で卸すことになると200円の損が出てきます。したがって、真ん中にいるとは言っても、実は生産者と同じでなるべく高く卸したいと考えています。買い手のなるべく安く買いたいという要望には応えにくい難しい立場にいることがわかります。

こうして見ると、卸は審判役というよりも、高く売りたい売り手と安く買いたい買い手との間に入って板挟みの状態にあると言えないこともありません。

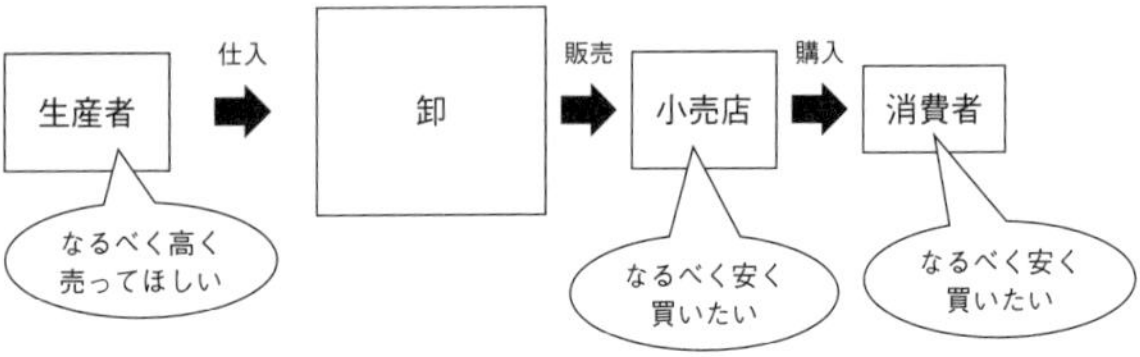

卸を取り巻く状況

卸は難しい立場にある

いずれにしろ、卸は生産者側のより高い値段への要望と買い手側のより安い値段への要望に同時に応えなければなりません。通常は、安く買って高く売ることで利益を出すものなのですが、この場合はまったくその逆になっています。日々決着が着いているということは、そこをうまく卸がさばいていると見ることもできます。

生産者は販売した収入で費用を回収しなければなりません。卸が生産者から仕入れる値段は、確実に費用が回収され利益が出るように設定されています。逆に仲卸、小売店は、高くすると消費者が買ってくれなくなりますから、できれば安い値段でなければ買いません。こうして、すべてを売り切り、取引を完了させるためには、最終的にぎりぎり生産者が納得し、買い手側も納得できる線、高すぎもせず、安すぎもしない値段を決めなければなりません。仮に、安すぎる値段で買い手に卸すと生産者に損が出てしまうかもしれないし、高すぎる値段だと、小売店が持ち帰っても、消費者が買ってくれないかもしれない。だからぎりぎりで間を取るのです。綱引というよりは、なかなか微妙な綱渡りとも言えます。

その難しさが卸自身の経営に跳ね返ってくる

卸自身も利益を追求する企業であることには変わりがありません。そのために、できるだけ費用を抑えて、収入を多くすることで利益を出したい。しかし、生産者からの仕入金額は、卸にとっては費用です。一方、仲卸・小売店への販売額は収入になります。ところが、費用である仕入金額に比べて、収入である販売額をそれほど高くできません。おまけに、商品をトラックなどで運搬する輸送費用、入荷した商品の整理、分配、事前に商品の品質、規格、数量などを伝える仕事など、卸自身に関わる費用も多く、もちろん自ら負担しなければなりません。こうして、卸は高い利益を確保しにくい状況になってしまうのです。

卸が、このような厳しい条件のもとで、要となる役割を果していることを私たちは知る必要があります。

4　競り取引で公正な値段を創る

競り取引とは、競り人主導で、品目ごとに、買い手から買いたい値段を出してもらい、最も高い値段になったところで決着し、その日の値段とする取引のことです。現在では、市場の取引は、この競り取引と、卸と仲卸、小売店が一対一で取引交渉する相対取引に分けられます。

競り人という目利きによる値段づくり

競り取引はその名のとおり、買い手が競って値段を提示して、最高額を出した買い手が落札する（買う権利を手に入れる）ところに特徴があります。一般的に、取引交渉は、一人対一人か、一人対複数人かで、全く結果は異なるものになります。競りは、売り手の卸に対して、複数の買い手、仲卸、小売店が参加します。競い合う買い手が多ければ多いほど、売り手には有利なかたちです。

　競りを仕切るのは、卸の競り人です。競り人は、商品の規格・鮮度・品質だけでなく、その日や最近のその品目の多くの市場での取引値段、市況を事前に確認しています。競り人は、その状況を踏まえ、スタートの値段を買い手に提示します。競りは始まって数秒間で決着するのが普通です。競り人は場の流れを見ながら、歌うように値段を引き上げていきます。買い手は何も言わず、手のジェスチュア（手やり）で希望の値段を伝えていく。競り人は、間合いを見て、もうこれ以上の入札がないと判断したところで競りをストップ、完了させます。

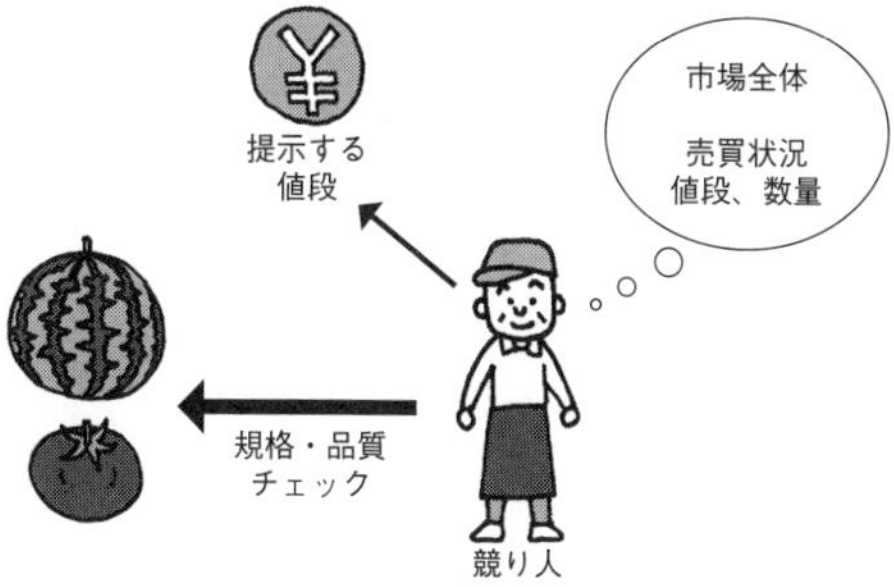

競り人が行うこと

　競り人という目利きによる仕切りは、経験に裏打ちされた直観力の産物と言えます。いかに商品の価値に見合った値段に持っていくか、前日と当日の市況、他市場で取引された値段と大きく乖離《かいり》していないか、売り手、買い手に損が出ることはないか、瞬時に、難しい判断に結論を出していく。驚くべき高度なスキルです。

市場で競りが行われるのはなぜだろう

市場で競り取引が使われるのは、小売店の開店を目前にした時間との戦いの中で、瞬時に終わることで、余分な時間、様々な手間、取引費用を節約できることと、買い手との売り買いが公開の中で行われ、皆が納得する結論を出しやすいことにあります。

競りで決まる値段が、皆が納得する、公正な値段になる背景には、競り人が、市場全体の売りと買いの状況、需要と供給の関係を見極めて競りの値段をかけていくことにあります。市場では、他市場を含めて、きわめて多くの取引が並行して進められています。市場全体では、品目ごとに、買い手（需要側）と売り手（供給側）がどのような値段、数量で合意しているか、自《おの》ずからその着地点が定まってきます。その市場全体の市況の動きを踏まえて、競り人は、この品目の品質・規格ならこの値段が適当であると判断します。

こうして、生産者から入荷された商品は、卸を通して競りで落札された値段と数量で小売店に販売されていきます。

相対取引の場合はどうなるだろう

市場では、競り取引だけでなく、卸と仲卸、小売店との一対一、品目ごとの個別取引の交渉のかたちとして「相対取引」もあります。なぜ相対取引のかたちがあるのでしょうか。また、競りが複数の買い手が競争して入札する、値段を提示するかたちなのに比べて、何が違うのでしょうか。

相対取引に参加するのは、一般的に大型小売店です。早朝から開店し大量に品揃えしなければならない大型小売店にとって、早朝とはいえ取引日当日の競り取引では、開店に間に合わない危険性があるからです。したがって、事前に個別に卸と取引交渉することで、開店に間に合わせるわけです。

スーパーのような大型小売店にとって、野菜など生鮮食料品は主力商品なので、事前に新聞チラシで、なるべく早く品目、値段も公開しておきたい。そこで単なる相対取引だけでなく、翌週にこの品目をこれだけ欲しいといった取引を予約しておく場合もあります。卸は全国の生産者とのつながりを持っているので、そうした需要に対しても、対応することができるのです。

ただし、競りとは異なる取引交渉とは言え、卸は競りのときと同じように、その品目の規格・品質の確認、市場全体での値段・数量の動きを勘案して、妥当な値段を見極めた上で、大型小売店との交渉にあたっていきます。一般的に、買い手と売り手との間の一対一の取引交渉は、いずれが主導権を取れるかによって結論は変わってきます。買い手がどこまで買いたいか、売り手がどれくらい売りたいか、その綱引関係がここでも現れてきます。どうしても買いたければ、値段を少々上げても買うし、どうしても売りたければ、下げても売ることになる。いずれが取引交渉をリードできるかでその綱引の結果は決まってくるのです。

このように、市場は様々なルールのもとで、膨大な取引を迅速にさばき、消費者のもとに必要な商品を送り届けてくれる、絶妙なしくみなのです。

5　市場というしくみを経済学的に考えよう

これまで見た通り、市場とは大量の商品の売り買いをさばくうまいしくみであることがわかってきました。

そのしくみがなぜ有効なのか、ここは経済学で説明できるところです。市場というしくみがなぜそうした機能を持っているのか、値段にはどう関係しているか、経済学的な視点から整理してみましょう。

売買を組織的に進めるしくみ

市場は膨大な売り買いの取引が円滑に進むように、設計されています。フリーマーケット、朝市も、それがなければとても成り立たない多くの取引がそこで成立しています。古今東西、いずれの場所でも、誰が命令したわけでもなく、私たちが生活し、社会を動かすために創り上げてきたものなのです。

市場というしくみは、次の三つにより成り立っています。①膨大な売り買いをどう組

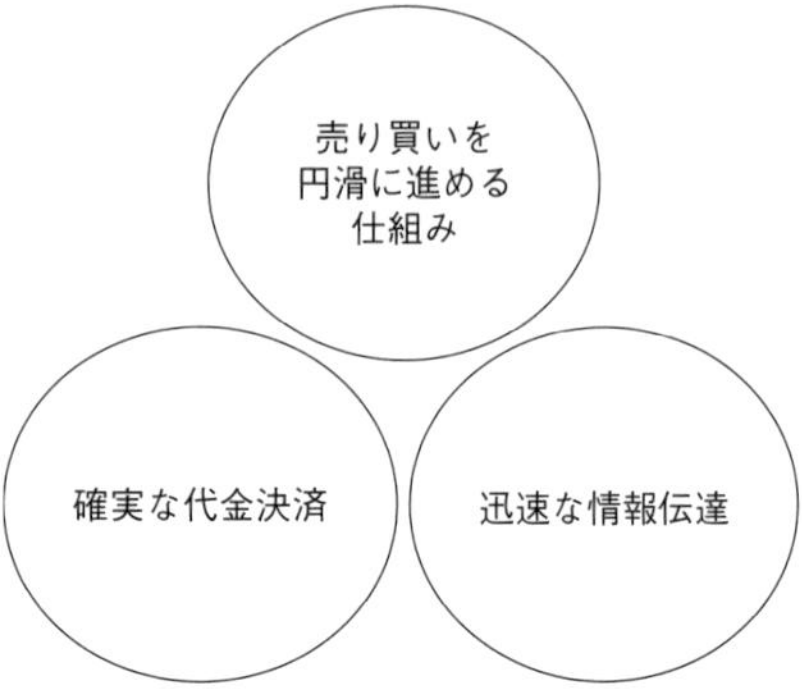

市場を構成するもの

織的に迅速に進めるかというしくみ、メカニズム、②生産者や市況の動きなど必要な情報をどう迅速に伝えていくかという情報伝達の方法、そして、③確実に取引完了、代金の決済を行えるようにするための、法制度、慣習、ルールから構成されています。

しかし、市場に参加する生産者、卸、小売店などプレーヤーは、いずれも自主的に売買をすべきかどうかを判断することに違いはありません。何よりも、市場は、取引が円滑に行われる舞台、プラットフォームなので、個々の取引を規制するのではなく、あくまで円滑に取引が進むように支援してくれます。

取引が円滑に進む鍵になるのが、集荷する手間、情報伝達する手間、分配する手間、資金決済する手間に掛かる費用など、売買の過程で発生する取引費用です。取引費用には、時間も人手も、お金も入っています。取引費用は、売り手にとっては、せっかく商品を売っても、その費用の分を負担しなければならないし、買い手にとっても、売り手に支払う購入費用に加えて、その取引費用を負担しなければなりません。

例えば、売り手と買い手との交渉が平行線をたどって長引くと、単に時間と手間の問題だけでなく、その間に商品価値も低下し、せっかく双方に利益が出てくる機会がなくなってしまうかもしれません。相対取引にせよ、競り取引にせよ、時間をかけずに決めていくのは、相互に利益を出せるように考えられた取引の方式だからです。

もし市場に無駄な取引費用を節約するしくみがなかったら、市場は成り立たないのです。

情報が円滑に流れるしくみ

第1章で触れたように、買い手と売り手との間には、商品の品質について情報のギャップがあります。買い手は売り手ほどの商品情報を持っていません。したがって、市場では、売り手が買い手に対して、商品価値を把握できるように、商品情報を伝えることが必要になります。競りや相対取引の前の商品の下見、目利きである卸、競り人による評価、卸との情報交換、間違いのない値段の設定等々、いずれもが、その情報ギャップを埋めて、円滑に取引を進めさせる土台になっています。

売られている商品が、買った後にも、買う前に把握していた価値に変わりがなければ、そこに、取引を通じて、相手への信頼が生まれてくるのです。

確実に取引を完了させるしくみ

取引を完了させる上で最も大事なことは、買い手から売り手への商品購入代金の引き渡し、代金決済です。いうまでもなく、お金を安心して引き渡せなければ、そもそもそこでは取引はできません。代金決済できない危険性を、決済（に関わる）リスクと呼んでいますが、決済リスクを極力なくすことが市場に求められるわけです。

市場に参加する生産者は、迅速に生産費用を回収するためにも、売り買い成立後にできるだけ早く代金を手元に欲しい。卸にしても、売買が成立して得た代金を、生産者に迅速に引き渡さなければならないので、小売店から迅速に代金を受けとらなければなりません。この小売店から卸、生産者への資金の流れは、商慣習、市場ルールとして確立され、滞貨なく決済が進むように作られています。

こうして納得できる値段が創られていく

このように円滑に取引が進められるしくみのもとで、値段はどう創られていくのでしょうか。そのポイントは何でしょう。

第一に、「競争」がそこにある点です。同じ品目でも全国から出荷する生産者たちにとって、競争相手、ライバルの産地の産物に負けない商品価値のあるものを出荷できるかどうかが勝負なのです。そこは生産者同士の競争です。競り取引で相手にされるように精一杯のものづくりが要求されることになるわけです。

一方、買い手はその商品をどう評価するか、最も欲しい買い手が、他の買い手よりも高い値段、高い評価を与えます。買い手同士の競争がその商品の最大限の評価を作り出すことになります。

こうして、競争のおかげで、売り手にとっては質の高い商品を供給しなければなりませんし、買い手にはいい商品には価値に見合った適正な値段でなければ入手できない、という状況を生み出すことができます。売り手が創り出した商品の価値が、値段にも反映されることになります。こうして値段が商品価値を適切に表すシグナルとして機能してくるのです。

第二に、「取引相手」です。競り取引にせよ、相対取引にせよ、そこに参加する買い手も売り手も、長年市場に登録され、継続的に活動している業者ばかりです。ということは、競りでも相対でも、お互いに何回となく継続的に取引をしている相手になります。仮に、見知らぬ相手との取引をするとなると、様々なリスクの可能性が生まれてきます。果して、この相手は商品の価値をわかってくれているか、代金を間違いなく支払ってくれるのか等々。したがって、そうしたリスクがあるかないかは値段を設定する際に関係してきます。一見《いちげん》の相手なら、リスク込みで、高めの値段で利益を出そうとすることにもなるわけです。

継続的に取引をしている相手なら、相手は信頼できるので、次の機会のことを考えれば、低めの値段を提供したり、仮に相手に損が生まれてしまったような場合には、次回の取引で調整するというように、極力、持ちつ持たれつ、リスクを分担しようと考えることになります。

皆にとって三方よしのうまいしくみ

三方よしとは、江戸時代の近江《おうみ》商人の経営の考え方で、「商売において、売り手と買い手が満足するのは当然のこと、さらに社会にとってもよい結果になること」を指しています。

市場は、まさに三方よしを実践している取引の場です。売り手、買い手にとって、無駄な費用が掛からず双方が納得できる値段で取引でき、お互いに利益が偏らないように卸がさばいてくれます。もちろん、自然現象、気候変動や経済環境の変化による突然の需要、供給、ひいては値段が大きく変わっても、お互いにフェアに受け止めます。

こうして市場取引の結果、無駄な費用が掛からず、商品価値に見合った値段が作られることは、売り手、買い手はもちろん私たち消費者にとっても恩恵があることです。

市場は、私たちの目に見えない、または離れたところで動いていますが、それがうまく機能することで、社会全体に恩恵を生み出しているのです。

しかし市場は万能ではない

しかし、市場は万能ではありません。市場はあくまで、円滑な取引を支援する土台、プラットフォームなのです。その土台の上で、各プレーヤーたちが、売り手、買い手相互に利益が出るように、ルール、法制度、慣習を遵守《じゅんしゅ》していく姿勢を持たなければいけません。それはあたかもサッカー、野球などといったスポーツが、そのルールの土台の上で、競い合う競技であることと通じるものがあります。

6 競り（オークション）のしくみとは

競りは英語ではオークションと呼ばれ、経済学ではオークション理論という分野もある最先端の分野です。市場経済を動かす重要なメカニズムの一つです。

ここでは、現実の野菜、果物、水産物などの競りがどのようなしくみのもとで進められているかを説明してみましょう。

競り取引では、値段はどのように決まるのだろうか

卸売市場における競りは、買い手が入札する値段を引き上げていくかたちを採っていきます。他の買い手よりも高い値段をつけていくだけなのですが、そう簡単なことではありません。買い手は、他の買い手がどういう行動を採るかを事前には知らない。しかし、競りは瞬間的にどんどん進行していくので、どこまで手が挙がっていくかを睨《にら》みながら、入札するかどうか、入札する値段をどうするかを、瞬時に判断しなければなりません。

ここで問題になるのが、売り手（競り人）は、買い手がその商品をどう評価しているか、どの値段まで入札するかを知らないことです。同様に、買い手も他の買い手がどう評価しているか、どの値段を出してくるかも通常はわかりません。この本人と他者との間の情報のギャップ、情報の非対称性という問題がここでも顔を出してきます。

特に、生鮮品の場合、一つひとつの規格、色つやが異なっており、その価値判断は難しいものがあります。あまり高く評価して高い値段をつけすぎると、店に持ち帰っても高すぎて売れないということにもなりかねません。したがって、商品の品質、商品性を

オークションの様子

見極める経験によって、そのギャップを埋めることが必要になってくるのです。

一人残ったところで終わりになる

ここでは競りのメカニズムを学んでみましょう。このメカニズムはネットオークションなど、一般的に使われています。上の写真のように、海外には高額な絵画など美術品がその対象になりますが、そのメカニズムは生鮮食料品の場合とほぼ同様です。

競り人が示す入札価格（買う値段）に対し、買い手（入札者）にとって、まず、問題になるのが、自分の評価額つまり提示してもいい上限の値段です。

例えばトマト一個について

自分の評価額　　　　１００円
競り人の提示額　　　70円スタートで１１０円へ

この場合、競り人の提示額が自分の評価額以下の場合には、例えば90円であれば、そこに止まってその競りに参加し、自分の評価額を超えたとき、例えば１１０円になったときには入札をやめるしかありません。もし例えば80円で早々に入札をやめると、その商品が自分の評価額よりも安く売れるのを見ることになるかもしれません。もし入札にとどまっていたら、１００円支払ってもいいと思っていたトマトを90円で買うことができ、大きな得をすることができるかもしれません。

逆に、例えば１１０円と自分の評価額を超えても入札に参加すると、１００円という自分の評価額以上の金額を支払わなければならなくなる危険性が出てきます。10円も余計に支払わなければならなくなります。

競り人の提示額　　　１００円を超えて１１０円へ

自分の評価額　　　　１００円

このように自分の評価額の範囲内では必ず入札に参加し、評価額を超えたら入札を止めるというやり方を、すべての買い手が採るとすると、買い手が勝てるのは、他の買い手たちよりも高い評価をしているときだけになります。どうしてでしょうか、この点を考えてみましょう。

三人の入札者がいるとします。彼らの評価額はそれぞれ、

Aさん　　　　90円
Bさん　　１００円
Cさん　　１５０円

競り人の提示額ごとに手を挙げる人は異なります。

提示額90円の場合　　Aさん○　Bさん○　Cさん○
三人ともまだ評価額以下なので参加しています。
提示額100円の場合　Aさん×　Bさん○　Cさん○
しかし、ここではAさんは評価額を超えたので脱落します。
提示額120円の場合　　Bさん×　Cさん○
Bさんが評価額を超えたので脱落します。

このように、この入札は、最後の二人のうち、Bさんが降りたときの値段、120円で終わることになります。つまり、Cさんが支払うお金は自分の評価額150円ではなく、Bさんが降りたときの値段120円、二番目に高い評価をしていたBさんが降りたときの値段になります。結局最も評価をしていたCさんが落札できます。こうして、買い手が勝てるのは、他の買い手たちよりも高い評価をしているときだけになるわけです。

ここで、問題になるのが競り人の値段の提示の仕方になります。仮に競り人が100円の次に150円を提示しても、Cさんはここまでは入札していたでしょう。しかし、ここは競り人が買い手の動きを見極めるところでもあります。Cさんの評価額を読めず、130円程度かもしれないと考えるかもしれません。そうすると、150円を提示しても、だれも手を上げなかったら、取引が成立しなくなる。それは競り人の仕事の失敗になります。その不成立のリスクを考えると、小刻みに上げて120円で決着をつけるというかたちにならざるを得ないということになります。

要は、競り人が見知った顔の買い手たちがこの商品の価値をどうつけているか、逆に買い手にとっては、競り人がどこで決着をつけようとするか、他の買い手はどう評価しているか。オークションは、お互いの腹の読み合いなのです。

この競り人なら、100円の次は160円といった思い切った値段は絶対に出してこない。おそらく慎重に120円程度になるだろう、そして他の買い手はそこでは入札しない。だから、次の提示額をねらっていこうという作戦を採るわけです。

競りで決まる値段は、数秒間の競り人と買い手たちとの腹の読み合い、探り合いの結果なのです。

7　需要と供給はどのように値段を決めるのだろう

この節を読むにあたっては、第2章の「価格メカニズム」をもう一度読んでおくといいでしょう。本節は、その説明を前提に説明しています。

例えば、市場では、供給量に比べてどうも需要量が足りない、または需要量に比べて供給量が足りないときに、卸は値段を動かして双方が合致するように、特に需要量を動かします。需要量が足りないときには、値段を下げて需要量を増やし、逆に供給量

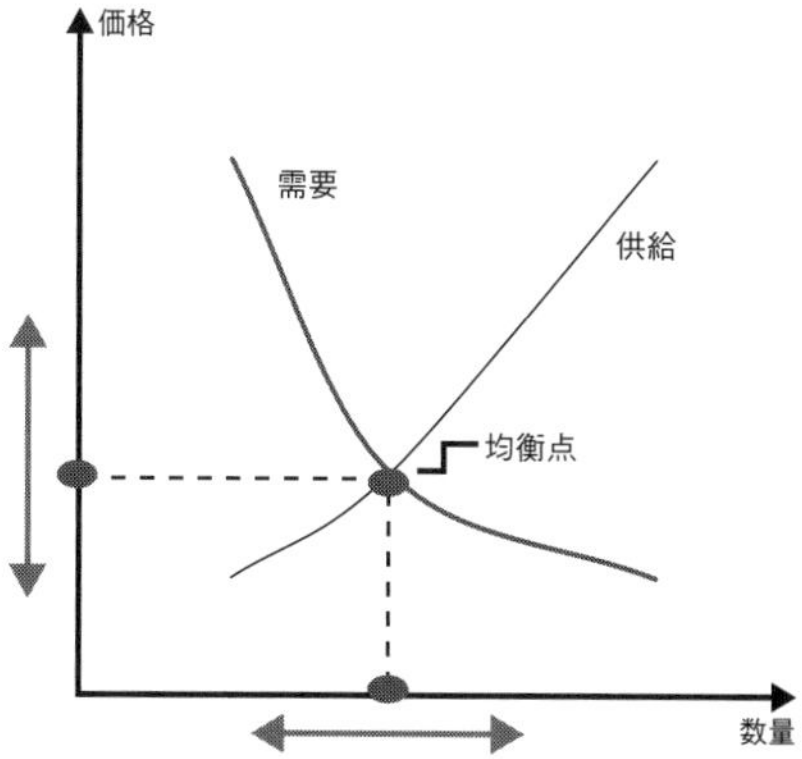

価格が需要（買い）と供給（売り）を調整し、取引量、取引価格を決定する

「価格メカニズム」という「しくみ」

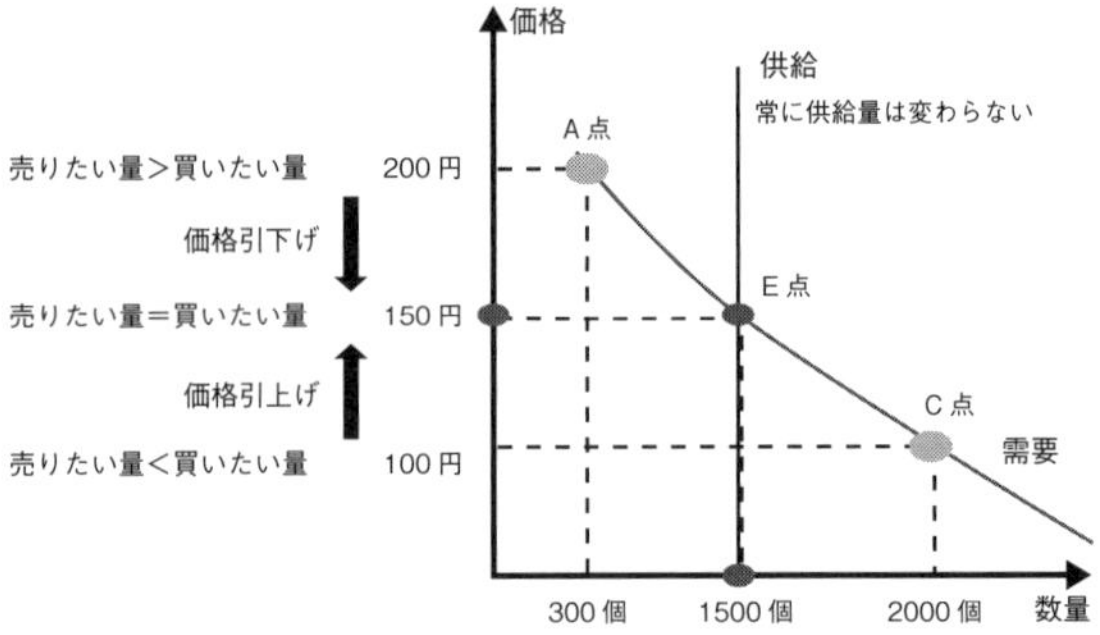

ミカンの「価格メカニズム」

が足りないときには、値段を上げて需要量を減らします。こうして、需要と供給が一致するところに値段、取引数量を調整していくわけです。

このしくみを、第2章で学んだ需要曲線、供給曲線を使って、説明することにしましょう。両曲線ともに、経済学で必ず学ぶ基礎的な事項です。今度は、ミカンの需要曲線と供給曲線で考えてみます。

農産物は、増減しにくい土地で生産するという制約もあって、供給量を値段に応じて変えることは難しいので、供給曲線も垂直に近いかたちになります。つまり、このグラフでは、どのミカンの値段でも、供給量（売りたい量）は一五〇〇個で変わらないと見ています。

一方、需要曲線（売りたい量）は、第2章でみた通り右下がり曲線になっています。これは、ミカンは、値段が変わると需要量も増減しやすく、値段が下がれば、需要量は大きく増え、値段が上がれば需要量は大きく減るという性質だからです。

このグラフで見れば、E点、すなわち150円で供給曲線と需要曲線が交差、すなわちミカンの需要量と供給量とが一致し、取引数量一五〇〇個で均衡し、売れ残りはなくなります。

しかし問題は、いきなり、すべてが売り切れる均衡点で、需要と供給が一致するわけではないという点にあります。

第一は値段が最初はA点にある場合、200円の需要量は三〇〇個と供給量一五〇〇個よりも小さくなります。逆に言えば、供給量が一二〇〇個多すぎます。ここで、供給側は、需要の法則、値段が下がれば需要が増えることを利用して値段を150円まで下げていきます。すると、ここで需要と供給が一致し、値段は150円で落ち着くことになります。

第二に逆に値段がC点で100円の場合、需要量が二〇〇〇個もあるので、一五〇〇個の供給量では足りません。そこで、値段を150円まであげることでちょうど需要と供給が一致します。この150円を均衡価格と呼びます。この均衡価格は、市場で市況と呼ばれる市場全体の値段に相当するものです。E点が均衡点になります。

こうして、値段を動かすこと、需要量を動かし、ちょうど供給量と一致することになります。

しかし、一つの疑問は、誰がこの均衡点に達するように操作をしているのでしょうか。これは大変な難問です。各市場の多くの競り人たちの競りの結果として、自ずから需給が一致する取引値段が決まってきます。その市場だけでなく、近隣の大きな市場を含めた、その地域の各市場の膨大な売り買いの結果として表れてくると考えるのがいいでしょう。

こうして、現実の需要と供給の動きも、需要曲線と供給曲線の双方を合わせて考えれば、より理解がしやすいことがわかったと思います。経済学では頻繁《ひんぱん》に使う考え方なので、よく復習をしておくと、より深く経済学を学ぶときに、とても楽になります。

第４章で学んだ経済学のキーポイント

①市場とは売り手（卸）と買い手（仲卸、小売店）が１カ所に集まって売り買いの取引を行う場所です。
②市場は取引に無駄な費用が掛からないように設計され、同時に確実に取引が行えるようにルールが決められています。
③市場には、需要と供給が一致するところで、値段が決まるように取引が進められるしくみがあります。

実践に結びつく学び

もし、自分が将来卸の立場になったら、何を考えて生産者と小売店との間を仲介し、値段をどのように決めるべきでしょうか。

お勧めの習慣

需要の強弱を見極めましょう。

第４章の経済学用語

市場経済＝ものの売り買いのほとんどが市場で行われている経済
取引費用＝売り買いの取引に伴う費用
競り取引＝買い手が競争して入札する取引
相対取引＝買い手と売り手が１対１で行う取引
均衡価格＝需要量と供給量が一致する価格

第5章　売り切るには、戦略的に値段を決めるしかない

ようやく私たちの近くに商品がやってきました。野菜を買い取った小売店がいよいよ店頭に野菜を並べて、私たち消費者が来店するのを待っています。小売店は、市場《しじょう》で買い取った仕入れ値段をもとに、費用や利益を考えて、小売の値段をつけるのですが、他店がどういう値段をつけるか、消費者がその値段をどう見るか。売り切れる値段かどうか。いろいろと難しい判断を迫られる局面です。

本章では、小売店がどのように値段を決めていくのか、小売店の値段に関わる戦略を学んでいきます。

1　小売店にとって値段とは何だろう

店にとって値段はなくてはならないものです。値段、値札がなかったら、店は商品をどう売ったらいいのでしょうか。

私たちが店で何かを買うとき、まず見るのは値札で、商品を見るのはその次らしいと言われています。値札で値段を確認した後に、商品の価値を見極めるのです。

このように、小売店にとって、値段は、消費者に商品に関わる情報を伝え、買う動機を促す、決定的な役割を果していています。

しかし、単純に値段を決め、値札をつければいいという話でもありません。

値段がどれだけその商品の価値を表しているか、伝えているか。消費者から見て買う気を起こさせる値段になっているか、パッと見て手に取ってくれるか。

それこそ、値付け（値段をつけること）は店の売上を作れるかどうかの決定的な分かれ目なのです。

しかし、小売店は、値段をつける際には、店の販売をどうするかという戦略の中で決めていきます。

小売店に限らず、もの、サービスを売る企業には、会社をあげて売るための販売戦略、「マーケティング」という考え方があるのです。消費者に満足してもらえるように、いかに商品価値を伝え、販売につなげていくか。大きな学問分野でもあり、実際の販売の現場にも活かされています。

例えば、スーパーの果物、野菜などは、一見すればわかるように、それらの置きかた、色合いから店内広告（ＰＯＰといいます）、値札に至るまで、すべてが売るために工夫さ

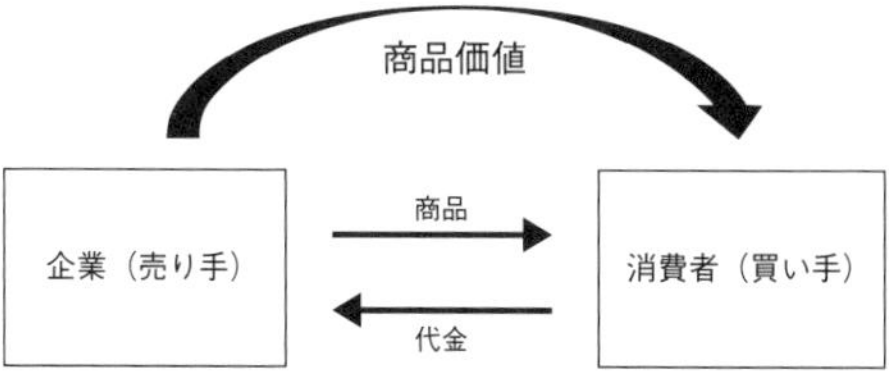

マーケティング

マーケティングの 4P

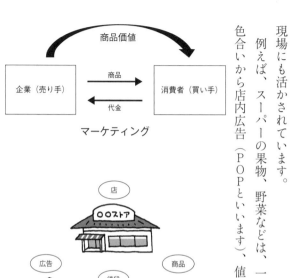

れ、組み合わされているのです。

　このように、マーケティングは、次の四つの要素から組みたてられています。

　一つは、消費者の必要性を満たす「商品」そのもの、もう一つは商品価値を伝える「広告」、さらにすぐ手にとってもらえる「場所」、そして消費者に余分な費用を負担させない「値段」です。すべてが組み合わされ、一体となって、ターゲットの消費者に売り込みます。マーケティングでは、各々の英語表記をもとに４Ｐと読んでいます（商品＝Product、値段＝Price、店＝Place、広告＝Promotion）。

　ここで、重要なことは、商品はもちろん、広告も、場所もただではできない、いずれも費用をかけて作ったものばかりであることです。

　そして、その掛かった費用を取り戻せるのは、値札に書かれた「値段」による収入しかないのです。

2　店では値段をどう決めるのだろう

小売店の仕入れた値段は費用です

それでは、店では具体的にどう決めているのでしょう。その前に、小売店が市場から仕入れた値段の成り立ちを確認してみましょう。

例えば、一玉キャベツ（1キログラム）、118円が、市場から仕入れた値段だとします。すると、そこには、キャベツに生産者が掛けた費用93円、さらに市場で卸《おろし》、仲卸《なかおろし》が取引に掛けた費用（含む利益）25円が含まれていることになります。

これは具体的には、どういう意味でしょうか。市場で小売店が最後に卸に支払ったのは118円です。卸は受けとった代金118円から自分たちの費用25円を差し引いて、93円を生産者に支払います。

このように、最後に小売店が市場で購入代金を支払うことではじめて、卸も生産者も各々《おのおの》掛かった費用を回収することができることがわかります。

残るは、小売店が支払った仕入れ費用をどう回収するか、売れ

生産段階	市場段階
生産・出荷費用	卸・仲卸費用
93円	25円

計118円

小売店が市場から仕入れた値段

なければこの費用は取り戻せないままになることに注意してください。

要するに、どうしても小売店は売り切って仕入れ費用を回収しなければならないのです。

利益の出る値段を見つけなければならない

なぜなら、生産者、卸を始め、どんな企業も、掛かった費用をどう埋めて利益を出すか、利益を出せなければ、経営を維持することが難しくなるからです。小売店ももちろん例外ではありません。

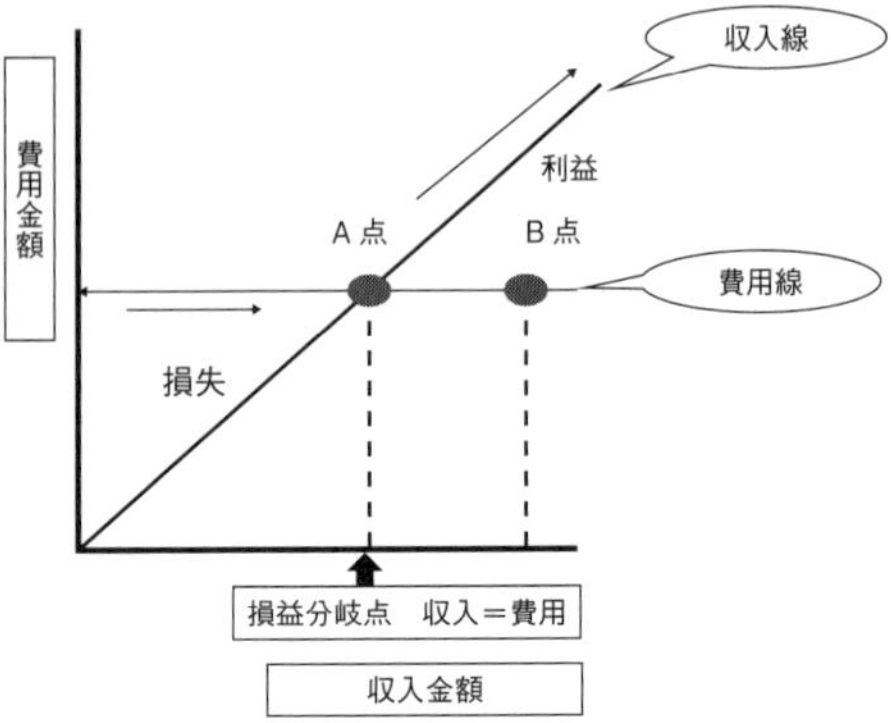

損益分岐点

ここで使う考え方が、第3章で学んだ損益分岐点です。費用を取り戻すためには、どの程度以上の収入が必要か、その分かれ目になる収入額を見つけ出す考え方です。

縦軸が費用金額、横軸が収入金額になります。費用金額は横の費用線、収入金額は、四十五度の収入線で表されています。

A点が、ちょうど費用と収入が一致する、損失と利益の境目になる点です。A点よりも左側では損失、右側では利益が出てきます。ここから、既に掛かった費用を取り戻す収入金額がいくらになるかがわかります。

収入金額は「値段×数量」になり、売るべき数量は仕入れた分で決まっています。結局、損益分岐点の費用と収入が一致する「値段」がいくらなのかがこのグラフでわかってきます。

118円という費用で仕入れたキャベツ(1キログラム)は、もちろんそのまま118円で売れればいいとも思えますが、実は小売店でも、そのキャベツを売るための費用がいろいろ掛かっています。前述のとおり、売るためのマーケティングを実行していく上では、場所、広告等々、様々な要素一つひとつが大事なものであり、また費用も掛かってきます。それらの費用を仕入れ費用に上乗せせざるを得ないのです。

具体的には、次の費用が掛かってきます

○店員たちの人件費（給料など）
○店を借りていればその賃借料（借りる代金）
○新聞チラシなどの広告代
○店の運営費用（運送費、光熱費、備品代など）

さらに店の経営を維持していくために、第3章の生産者と同様に利益を出さなければなりません。

計算をすると、

〈キャベツ一玉について〉

仕入れ費用	118円
店で掛かる費用総額	26円
必要な利益	11円
合計	155円

155円なら、費用を回収し、利益も出せる値段になります。しかし、これで売る値段が決まった、と言っていいのでしょうか。

3　消費者がどう評価しているか

残念ながら、まだまだなのです。費用を元に値段を決めるだけでは済みません。さらに次のことを考えなければならないのです。

第一に問題になるのが、消費者がそのキャベツを見たときに、どの値段なら買おうと感じるかです。費用を積み上げて計算した155円がその値段になる必然性はありません。

それどころか、消費者がその値段なら買うと感じた値段よりも高ければ、そもそも買ってくれません。消費者がそのキャベツをどう評価するかの問題なのです。

第二の問題が、競争相手の他店が同等の品目についてどのような値段で売っているか。もし他店の方が安く売っていると、こちらの値段は通用しない可能性が高くなります。

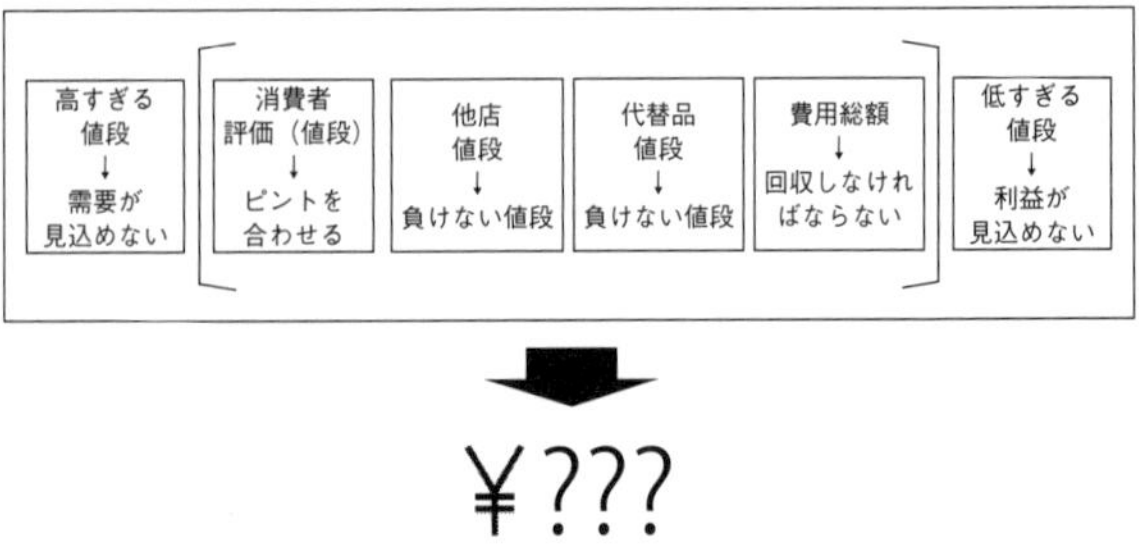

値段を決めるために考えなければならないこと

おまけに、消費者も、新聞チラシはもとより、最近ではインターネットで他店の値段も把握しています。それを前提にすれば、どうしても他店に負ける値段を出すわけにはいかないのです。

第三の問題が、代替する商品、キャベツであれば、レタスの値段も関係してきます。消費者の立場では、キャベツにしようか、レタスにしようか、どっちの値段の方が安いかも考えます。店としては、どっちも売らなければなりませんから、値段のつけ方はとにかく難しいものがあります。

安ければ安い方がいい消費者のことを考えれば、目一杯利益が出る高い値段では、そもそも買ってくれる需要が見込めない可能性が出てきます。

しかし、安い方がいいかというと、値段を下げすぎて費用も回収できなくなる危険性が出てきます。とにかく、店はこれらのことを踏まえながら、値段をつけなければならないという難題を日々こなしているのです。

小売店が売る値段 ＼ 消費者が買う値段	高い値段	安い値段
高い値段	① [高、高] 釣り合い	② [高、安] ×
安い値段	③ [安、高] ×	④ [安、安] 釣り合い

消費者と小売店の値段を巡る綱引

買い手と売り手との綱引の行方

お気づきのように、ここでも売り手と買い手の綱引関係が出てきます。経済学にはこの売り手と買い手の交渉、綱引を、一種のゲームとして考えるゲーム理論があります。ゲーム理論は現実への応用性も高く、新しい経済学の最先端にあります。

ゲームを単純な綱引関係と見て、買い手と売り手の間の値段を巡る取引の行方《ゆくえ》を考えてみましょう。

ゲーム理論で使う、上の表は、小売店と消費者が各々どのような関係にあるかを、その立場によって異なる関係を表したものです。

ここでは、小売店が売る値段が「高い場合」、「安い場合」のいずれか、一方消費者が買う値段が「高い場合」、「安い場合」のいずれかだと考えます。

したがって、綱引の組み合わせは、四つに分けられます。各々の場合で異なる綱引があると考えます。例えば、[高、高]は、左の小売店が高い値段で売る一方で上の消費者も高い値段で買う状況を表しています。

①高く売る店　×　高く買う客
②高く売る店　×　安く買う客
③安く売る店　×　高く買う客
④安く売る店　×　安く買う客

各々の位置、象限により各々の立場、関係は異なってきます。①と④ではお互いに高い値段か安い値段かで、立場が釣り合っています。したがって、綱引では双方の力が均衡しています。

しかし、②と③の場合は釣り合っていません。②の場合、高く売っている店を安く買う客は相手にしない。逆に③の場合、安く売る店でわざわざ高く買う客もいない。したがって、②と③の関係は現実的には成り立ちません。

ここで、売り手と買い手と綱引関係の行方を左右するのは、両者の力関係にあるということを思い出してください。
①、④のように釣り合っている場合、①のようにそもそも値段が高いのが普通の贅沢《ぜいたく》品なら、釣り合ったまま動きません。高い価値があると思えば、消費者は高い値段でも買おうと思うからです。
逆に、日常茶飯に買う必要な商品であれば、消費者はどうしても安く買いたい。したがって④の場合も綱引は釣り合うことになります。

消費者が安い値段に引っ張っていく

また、売り手がどうしても売りたいとすると、買い手の方が引っ張る力が強く、主導権を握って、値段は安い方に動いていきます。

つまり、店としてどうしても売り切るためには、②のように「高い値段」にこだわらず、なるべく「安い値段」に近づけていくことが必要になるのです。

結果的に、②の場合は、値段を下げてどんどん安い値段の場合④に近づくことになります。それは、逆の関係にある③の消費者にとっても同じで、結局は「高い値段」にはこだわらずに、④に近づいていきます。

こうして、結局は①のように贅沢品の市場では高い値段、④の日常必需品の市場では多くの場合、安い値段で釣り合うことになるのです。

つまり、キャベツのような必需品の値段は、この綱引関係からも安くならざるを得ないことがわかります。

ここで、もう一つの問題が浮かび上がってきます。それは、売り手側が常に強く売り切りたいとすると、④のように消費者の安い値段に対して安く売る関係に歯止めが難しくなる可能性が出てくることです。

つまり売り切るために安い値段にすることで、小売店の損益分岐点を下回る、仕入費用を回収できない値段に落ち込む危険性が生じてきます。この点は、弾力性が低い、すなわち値段を下げてもあまり売上が伸びない必需品の場合には、とても危険なことなのです。

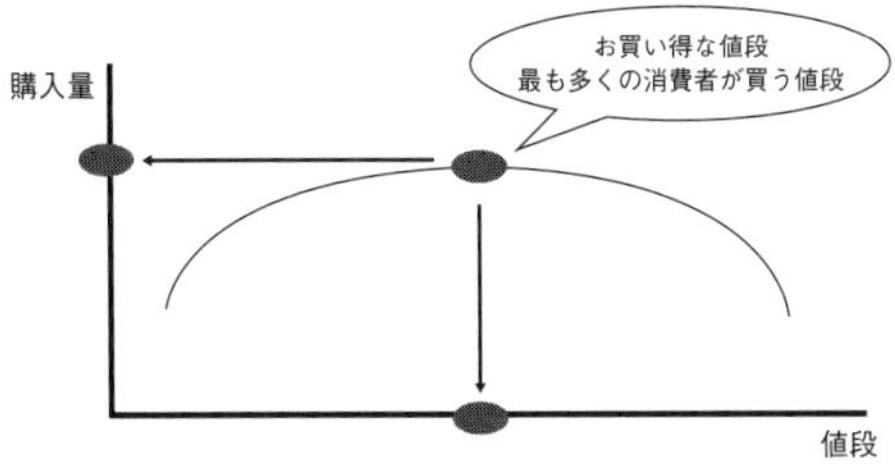

お買い得な値段

4　消費者の「お買い得」な値段を探る

しかし、それでも、小売店が最も多くの消費者が買ってくれるポイントにある値段を見つけることができれば、店にとって最も大きな収入と利益を得ることができます。それは、現実の消費者は必ずしも値段の安さだけを見ていないことによります。

値段が安すぎる商品については、消費者は、そもそも商品価値が低いのではないかという懸念を持ちます。一方高すぎるのも困るので、その間にある「お買い得」の値段を探ってくる行動を採るのです。小売店はその「お買い得」

の値段を見極める力が問われます。

小売店は、幸いに過去の売上データを蓄積しています。この品目、規格なら、この値段でどれだけの量が売れたか、その値段に消費者がどう反応するかを概《おおむ》ねつかんでいます。

そのデータから最も多くの消費者が買う「お買い得」の値段の水準を予測します。しかし、売る環境が景気や物価など過去と同じとは限らないところが問題であることも確かです。現在の環境のもとで、消費者の反応がどうなるか、簡単には予測できないことも事実です。

やはり、ちょうどいい値段にピントを合わせるのはなかなか難しいものなのです。

ちょうどいい値段を探っていく

ここは、値段を細かく上下して調整し、ちょうどいい値段を探るしかありません。現場の売れ行きを見て、値段をそのままにしたり上げ下げして、調整します。なお、上げ下げする場合には、その商品の値段の上げ下げへの反応度、すなわち値段の弾力性が前提になります。

これは、「需要の価格弾力性」と呼ばれ、例えば10円値段を上下に動かしたとき、どれだけ購入量が上下するかを測ったものです。

ある調査によれば、キャベツであれば、10円下げても二パーセント増えるだけ、トマトは七パーセント、イチゴは一四パーセント増えます。

値段（候補）	販売予測	収入
145	102	14,790
155	100	15,500
165	98	16,170

（単位円）

キャベツ収入予測

毎日必要な商品ほど、値段に関係なく、したがって弾力性も低く、逆に欲しいから買う嗜好《しこう》品は、値段への反応も大きくなります。

このように、商品により弾力性が異なるので、商品ごとに値段の上げ下げを工夫し、その商品の販売によって得られる収入を大きくしなければなりません。

したがって、例えば118円で仕入れたキャベツにどう値段をつけるか、値段候補が145円、155円、165円のいずれにするか考え、弾力性二パーセントで販売量と収入を計算すると次のとおりになります。

155円の場合、一〇〇個の販売量が予測できるとすると、10円値下げした145円の場合には弾力性にしたがって二パーセント増の一〇二個、10円値上げした165円の場合には二パーセント減の九八個になります。前頁の表のとおり、最も収入が高くなるのは、165円であることがわかります。

ここから、できればキャベツを165円で売りたい。しかし他店の値段はどうなっているでしょうか。この点も考えなければなりません。

5 他店との値段の競争もある

自分の店で売る値段が定まっても、もう一つの綱引、他店との競争が残っています。当店がライバルである他店よりも値段を下げれば、売上を増やす可能性が出てきます。しかし、他店が値段を変えないという保証はありません。他店にとっても値段を変えなければ売上を奪われてしまうからです。他店が負けずに値段を下げてくると、当店の状況も変わり、せっかく他店よりも安い値段で売上を増やそうとした効果が薄れてしまいます。
それどころか、双方での消費者の奪い合いで売上も低くなる可能性すら出てきます。結果として必要な売上を得ることができなくなる危険性が出てきます。

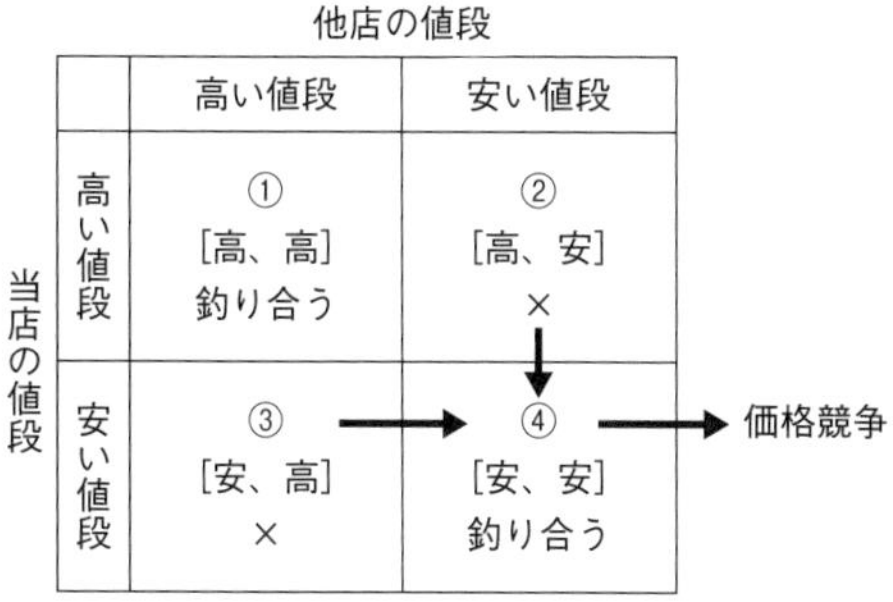

	他店の値段	
	高い値段	安い値段
当店の値段 高い値段	① [高、高] 釣り合う	② [高、安] ×
当店の値段 安い値段	③ [安、高] ×	④ [安、安] 釣り合う

当店と他店の値段を巡る綱引

それでも、他店よりも安い値段にする戦略を採らない方がいいわけではありません。仮に他店が当店よりも安い値段をつけてきたときには、当店の売上を取られてしまうからです。このように、他店との値段を巡る綱引はとても難しく、ややこしいものになることがわかります。

このややこしい関係を、ここでも綱引関係、簡単なゲーム理論で考えてみることにしましょう。

小売店と消費者との綱引関係を考えた表と同じように、当店が「高い値段」、「安い値段」で売る立場と他店が同様に「高い値段」、「安い値段」で売る立場を組み合わせると、①から④の四通りの綱引のかたちが出てきます。

①当店の高い値段　×　他店の高い値段
②当店の高い値段　×　他店の安い値段
③当店の安い値段　×　他店の高い値段
④当店の安い値段　×　他店の安い値段

この中でも、①と④は、双方が各々高い値段、安い値段で釣り合っています。高級品のように高い値段で取引されるのが通常であれば①、逆に青果物のように低価格で取引される必需品であれば④のかたちのまま釣り合います。

しかし、問題は、両方の店の値段が異なる場合です。②、③の場合は、いずれかが自分の店よりも他店の方が安く売っているために、自店が期待する売上を得られない可能性があります。したがって、そうならないように、いずれの場合も、他店に負けないように値段を下げて対抗し、結果として②も③も④のかたちに近づいていきます。

しかし、消費者と小売店との綱引関係がここにも働いてくることに注意を払わねばなりません。自店にせよ、他店にせよ、商品を安くなっても売り切りたいと考えれば、消費者の方が引っ張る力が大きく、主導権を握り、値段がさらに下がっていくことになります。ここに、両店が競って値段を下げて、売上を確保しようとする「価格競争」、「値引き競争」に陥る危険性が出てきます。価格競争に陥った場合には、対消費者の場合でも問題になったように、損益分岐点を下回る水準に値段が下がり、したがって売っても損失になってしまう、小売店にとって好ましくない状況に陥る危険性が高くなります。

最終的には、いずれがその値段で我慢できるか、体力勝負になってしまう。これは、小売店が最も避けたいことです。

6　値段を売り込む戦略を採る

こうして見ると、主導権を消費者に握られている状況では、当店も他店も綱を引っ張られ、値段も下げざるを得ません。値下げが値下げを呼ぶ競争です。さらに、いずれがより多くの消費者に売り込めるか、店同士が足を引っ張り合い、値段の引き下げ、価格競争に陥る危険性です。値下げスパイラル（らせん）といい、加速度的に値下げ競争に陥る様相を表しています。

現実には、小売店はこうした状況をどうしのいでいるのでしょうか。ここは、冒頭に紹介した、いかに売るかを戦略的に考える、マーケティングの出番になります。マーケティングでは価格競争を避けるためにどのような戦略を採っているのでしょうか。

二つ以上の値段を用意する

価格競争を避けるために、一般的には、小売店は顧客、商品、場所に応じて基本的な値段を変え、さらに二つ以上の値段を用意し、買う人によって値段を変えるようにしています。この値段の設定のやり方は、異なる顧客層に異なる値段をつけるという意味で「価格差別」と呼ばれています。買う人にあった値段をきめ細かくつけることができれば、他店との価格競争に巻き込まれにくくなります。

これは、一つの値段を提示するだけでは、逃げられてしまう客、もっと高い値段でも買ってくれた客に安く売ってしまうという問題が生まれ、結果として、期待した売上を達成できなくなる危険性を防ぐねらいもあります。

例えば、100円の値段をつけたリンゴを考えてみましょう。もちろんそのリンゴを見て、100円がちょうどいいと思った客は購入します。しかし問題は、そのリンゴならもっと払ってもいい、120円でもいいと思った客はその20円を得したと感じるし、逆に店側はその20円を取り逃がした、売上を増やせなかったことになります。また、90円なら買おうと思っていた客は、思ったより高くて買うのをあきらめます。この場合もその売上を取り逃がしたことになります。

このように一つの値段だけで売るとどうしても、本来なら稼ぐことができた売上を取り逃がしてしまう可能性がでてきます。

店としてはどうしても売上は増やしたいので、ここで新たに二つ以上の値段を用意することになるのです。それも単純に値札を三種類用意するだけではありません。例えば、リンゴも一つ売りなら120円、二つセットなら200円で一個あたりは100円、三つセットなら270円で一個あたり90円というように、買う数量の一個あたりの単価を変える手も使います。後は、客に三つの中から選んでもらうだけです。

このように三通りの値段を提示して、どれを選ぶかは、客の選択次第になります。スーパー、飲食店では一般的に同じ品目について、高価格帯、中価格帯、低価格帯の三つのグレードに分けて、売ることも多くあります。

つまり、値段に応じて、消費者自ら買おうという値段を選んでもらう、すなわち自分に選択させるわけです。一般的には、真ん中の価格帯を「お買い得」の値段にします。こうして、同時に、高価格でも構わない客、価格志向の客も逃がさず、販売収入を大きくしようとする考え方です。

また時間帯によって、値段を変えるかたちもあります。例えば、スーパーの顧客層は、時間帯によって変わります。午前中は中高年層、昼過ぎからはもっと若い層、夕方からは勤め帰りの客層に移っていくと言われています。その各々に合った価格帯をつけていきます。

タイムサービスを使って、反応がよさそうな時間の客層には値下げした商品を提供することは一般的です。また曜日でも、平日に頻繁に来る客と休日に買い物に来る客とでは、値段に対する感度も異なっています。そこで曜日を特定して、その日に特売するという工夫をします。

このように、店では、顧客層によって値段への反応が異なることを前提にして、できるだけ売上が多くなるように値段を操作しているのです。

この考え方は、顧客層を値段への反応、すなわち弾力性が異なる客のグループと考えて、各々異なる値段を提供するというものです。その弾力性の違いは、例えば前述のように平日客と休日客の違いや、地域の違い、地域によっては嗜好、所得が異なることでも、反応は変わってきます。

いつでも高く買ってもらう途《みち》はないか

これまでの議論によって、小売店は消費者からは値下げ圧力、他店からは価格競争圧力にさらされ、いろいろと工夫してもとても難しい立場にあることがわかってきました。

しかし、一つ考えてみましょう。なぜ消費者の値下げ圧力、他店から価格競争圧力が出てくるのでしょうか。それはどんな商品にもあることではないかと思うかもしれませんが、一概にそうとも言えません。例えば、果物でも贈答用にも使う高級なマスクメロンは、もちろん値段を気にしないわけではありませんが、高い値段でも当然と思う人は多いはずです。

値下げ圧力にさらされる商品の共通点は、ほとんど他の商品との差が値段以外に見いだしにくいという点です。見た目や品質等々がほとんど同じもの、つまり「同質化」した商品同士なら、差がつけられるのは「値段」以外にないということです。

しかし、逆に考えれば、値段以外に商品に「差異」をつけることができれば、価格競争に陥りにくいということでもあります。「差異」とは、より優れているという意味での「差」と、異なるという意味での「異」を合わせたものです。差をつけ、異なるものなら、同じ次元で価格競争は起こりません。

これは、「製品（商品）差別化」と呼び、商品そのもので差異をつければ、自店の販売に有利になるという考え方です。少しでも値段以外のどこかに「差異」を見いだすことができれば、仮に値段が高くても、そちらを選ぶ可能性は高くなってきます。

マーケティングには、いかに「差異」があることを見せるか、または「差異」を創るか、という二つのやり方があります。

一つは、冒頭で紹介したマーケティングの要素「商品」、「値段」、「場所（店）」、「広告」の中でも、効果的に商品価値を伝える「広告」を活用するやり方。

例えば、店の商品の横にある手書きの広告（ＰＯＰ）は、値段に値するその商品価値の高さをアピールしています。消費者にその商品の、他商品にない商品価値がしっかり伝われば、少々値段が高くても、買われる可能性は高くなります。

ブランドを創るか活用するか

もう一つは、「ブランド」を創ること、または同じ品目でも、ブランドのある商品を選ぶことです。マーケティングでは、他と差別化できる特徴を持った商品であることを示す「商品名」、「マーク」その他商品情報のことを、「ブランド」と呼んでいます。ブランドは高級外車だけでなく、身近な商品にも当てはまるのです。

例えば、ある産地、ある生産者の野菜、果物がいつ買っても美味しく、品質もいいことがわかれば、これからもそこから買おうというその生産者への「信頼」が生まれます。その野菜がその生産者、産地の産物であることは、その表示された商品説明、マークからも「識別」できます。

私たちはそのマークを頼りに繰り返しその野菜を買うようになります。ブランドとは、私たちにとって信頼と識別の証なのです。

ブランドには様々な効果があります。第一に、消費者がこれからも買おうというブランドへの忠誠心（英語でロイヤルティ）が生まれること、第二に値段を高くつけることができること、これを、英語では「プレミアム」がつくといいます。第三に、消費者もその商品マークを見ればそのブランドを想起、思い出すという反応が生まれてきます。第四に、そうしたプレミアムがついた商品は、売りやすく、様々な店に流していく流通ルートにのせて、売上も増やしやすくなります。

このように、ブランドは値段引下げ、価格競争への強力な抵抗力になる、効果的な手段なのです。

しかし、商品差別化、広告、ブランド作りにせよ、他店も同様の措置を講じていれば、その面での競争も出てきます。値段に関わる競争には終わりがないことも確かです。

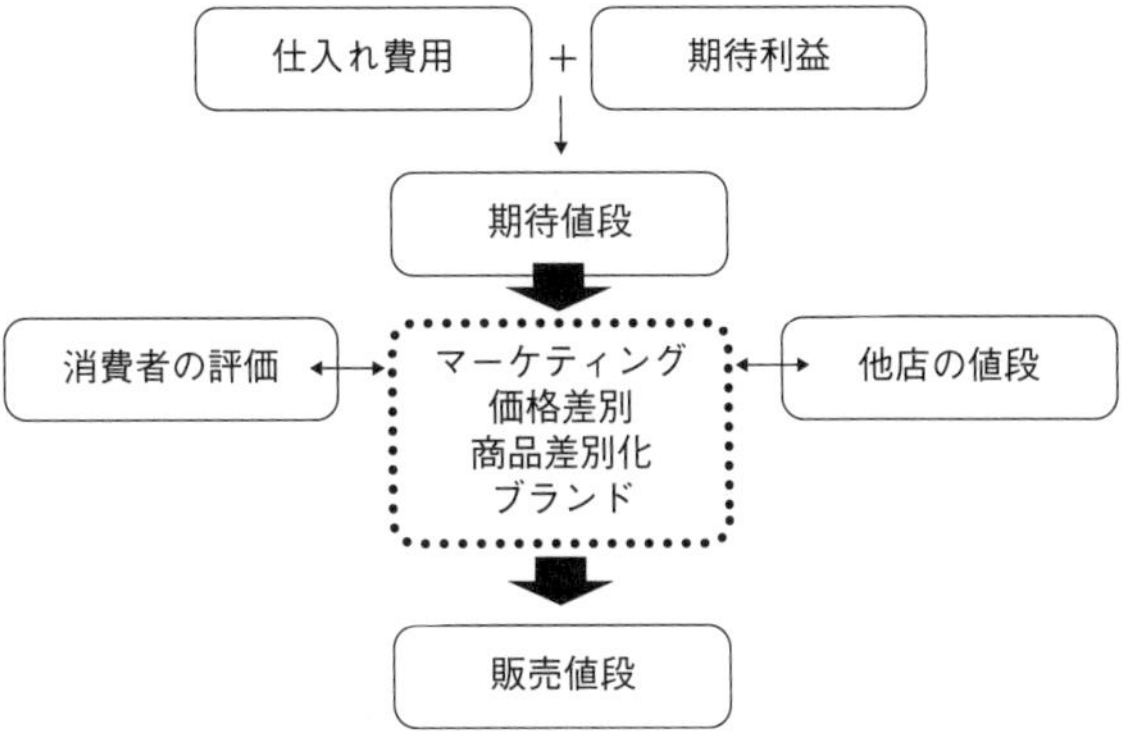

値段が決まるまでの流れ

7　こうして売る値段が決まってくる

本章で学んできたように、小売店における値段の決め方は簡単ではないことがわかってきました。ここでは、値段の決め方についてその流れを整理してみましょう。

最初の仕入れ費用に期待する利益を上乗せして、期待する値段を考えます。さらに、消費者がどう評価しているか、どの値段なら買ってくれるか、他店はどのような値段で売っているかを見極めます。

値段引下げ、価格競争への抵抗力を強めるために、消費者の反応を見て二つ以上の値段を用意する価格差別、商品そのものに他商品と差別化する差異を作り出す「商品差別化」、さらに商品価値を伝える広告の活用、客の継続的な信頼を得るためのブランドづくりに努めます。

こうして、最終的に販売する値段がやっと決まってきます。

しかし実は重要な問題がもう一つ残っています。消費者の評価です。その商品をどの値段で買うか、マーケティングの対策がどれだけ効いてくるかは、彼らの評価次第なのです。店が提示した値段に対してどう反応してくるか、そこには、私たちの複雑な値段を見る眼が働いてきます。次章ではその私たちの値段を見るときの、心理的な動きを探ってみましょう。

第５章で学んだ経済学のキーポイント

①小売店は市場から仕入れた費用に店の人件費、販売費などの費用、期待する利益を加えて、期待する値段を算出します。
②値段を高くしすぎると需要が見込めず、低すぎると費用も回収できないので、消費者がどう評価するか、他店がどう売っているかを調査します。
③消費者からの値下げ圧力、他店との価格競争に巻き込まれないように、客層に応じて複数の値段を用意したり、広告を活用して、他店の商品との差別化、商品価値をアピールします。
④特に、消費者の継続的な信頼を得るように、ブランド作りも進めていきます。

実践に結びつく学び

市場で付けられている値段に対して、①〜④を考えたうえで、この店（商品）は、どういう価格戦略で値段をつけているかを自分なりに分析してみましょう。

お勧めの習慣

値段が変わったら、なぜ変わったかを考えましょう。

第５章の経済学用語

マーケティング＝消費者に満足してもらえるように、

どのようにして商品価値を伝え、販売につなげていくかを研究する学問分野
ゲーム理論＝複数の主体（国、企業、人）が、お互いの関係を元にどう意思決定するかを学ぶ学問分野
価格競争＝同じ商品を売る企業間の値段の引下げ競争
価格差別＝複数の値段を消費者の価格弾力性（値段に対する反応）に応じて、設定することで売上の最大化を目指す、経済学の考え方
製品（商品）差別化＝他商品との差異を強調することで、価格競争に巻き込まれない優位な立場を創り出す戦略
ブランド＝商品についている名前、マーク、ロゴなどにより、他店の商品と明確に区別し、商品の信頼性を伝える戦略

第6章　最後の関門、消費者の値段を見る厳しい眼

長い値段の旅もようやく終点に近づいてきました。私たち消費者がその値段に納得して買ってくれるかどうか。商品価値から見て妥当な値段かどうか、私たちの値段を見る眼、その関門は厳しいものがあります。その値段がちょうどいい値段、買うべき値段かどうかを瞬時に判断します。一瞬の勝負です。もちろん、店頭でその値段でいいと私たちが手にとってくれたら、その「値段」の旅はようやく終わることになります。

本章では、値段が私たちの買い物心理、行動にどう影響を与えているかを学ぶことにしましょう。

1　私たちはなぜ、瞬間的に適切な値段かどうか判断できるのか

値段は品質を知るよりどころ

私たちは、例えばスーパーやコンビニにお弁当を買いに行ったとき、ちょうど美味し

そうなケーキやお菓子も見つけて、それも買ってしまうことは珍しくありません。

お弁当やお茶を買うのは、あらかじめそのつもりだったのに対して、買うことを考えていなかったケーキまで買うのはどういう心理なのでしょうか。そこでは、値段はどのような役割を果しているのでしょうか。

買うつもりだった弁当はともかく、パッと目にしたケーキを買うのは、店内でのほとんど瞬間的な判断であることは間違いありません。

既に学んだように、私たちは値段以上の価値があると判断したときだけ、買うことを決めます。そのケーキが200円だとすると、そのケーキは200円を超える価値があると瞬間的に感じていたことになります。

商品価値　＞　値段（200円）

しかし、もう一つ注意しなければならないことは、私たちがそのケーキの値段が200円でちょうどいい値段と感じていたとは限らないことです。場合によっては250円でもいいと感じていた可能性もあります。つまり、このケーキは200円から250円ぐらいの値段がちょうどいいと感じていたからこそ、200円なら買っていい値段に感じたとも考えられます。

ケーキの値段はいくらが妥当か

頭の中に基準となる値段がある

ここで不思議なことは、なぜそのケーキが、200円から250円ぐらいが妥当な値段と瞬間的に感じたかという点です。最大250円支払ってもいいケーキを、200円で買えるなら、もう買うしかありません。

これは、私たちの頭の中、記憶に、このくらいのケーキなら、いくらぐらいが妥当かという「基準となる値段」があるからなのです。

私たちが瞬時に値段を評価できるのは、記憶の中に、必ず参考にする値段があるからです。これは、心理学では「(心理的

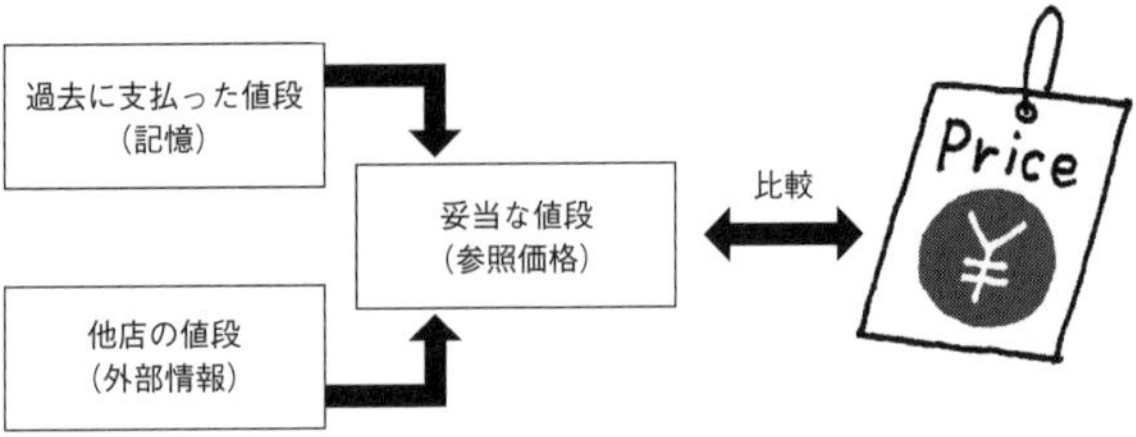

参照価格

に）参照（する）価格」と呼ばれています。

その参照価格には二種類あります。一つは、消費者が自分自身の買い物経験から、この程度の商品であればこの程度の値段が妥当であるという「値段」です。自分自身が実際に支払った、過去の値段の記憶が大きな役割を果たしています。

もう一つは、他店ではいくらぐらいで売られているか、という外部の情報から、一般的にはこれくらいの「値段」で売られていると考えることです。これはいわゆる世間相場（一般的に売られている値段）とも言われます。

もちろん、両者は一致するとは限りません。例えば、自分の経験では、このケーキは250円ぐらいかと感じても、どうも他の店では200円ぐらいで売られているようだ。そのあたりが相場らしい。それなら、200円から250円ぐらいまでなら、十分に買う価値があると考える、というわけです。

　こうして、頭の中の「参照価格」をもとに、この程度の商品ならこのくらいの値段が妥当であるという判断が生まれてきます。

　そして瞬間的に値札の２００円が参照価格の範囲内に収まっているので、即買おうということになったのです。

　私たちは、目の前の値札が表す値段だけでなく、記憶にある値段、他店の値段を見ながら、買うか買わないかを判断していることがわかります。

2　買い物の心理と行動の流れ

　しかし、私たちの頭の中の基準となる値段は一朝一夕に作られたものではありません。大人の一日の平均的な買い物時間は三十分だといいます。年間にすれば、二百時間近い買い物の経験の裏付けがあってはじめてできたものなのです。

　また個々の買い物行動は、様々な心理をたどって行動に至っています。基準となる値段は、その積み重ねの結果として、作られたものです。

本節では、その買い物心理と行動がどのように進行しているのか、その流れを学ぶことにしましょう。

買い物とは心の動きから始まる

私たちが何かを欲しいと思うときとはどんなときでしょう。急に何かを食べたくなるとき、それは昼休みの時間が近づいてきたときとか、散歩にでも行ったときに、ふと見かけたケーキ屋で美味しそうなケーキに気付いたときとか、様々な場面があります。

もちろん、自分自身が空腹感を感じていたのかもしれないし、また外からその空腹感を誘い出す刺激があったからかもしれません。その刺激に私たちの注意が働くことで、空腹感を意識し、結果として買って食べようという決心（?）につながっていきます。

こうした人間の「注意」、「意識」がどのように働くかを研究しているのは「認知心理学」という脳の働きを研究する分野です。「注意」とは、「周りの様々な情報の中から、ある一つのことを選択する」こと。次に「注意」して選択した情報を「意識」して、どうするかを考えます。

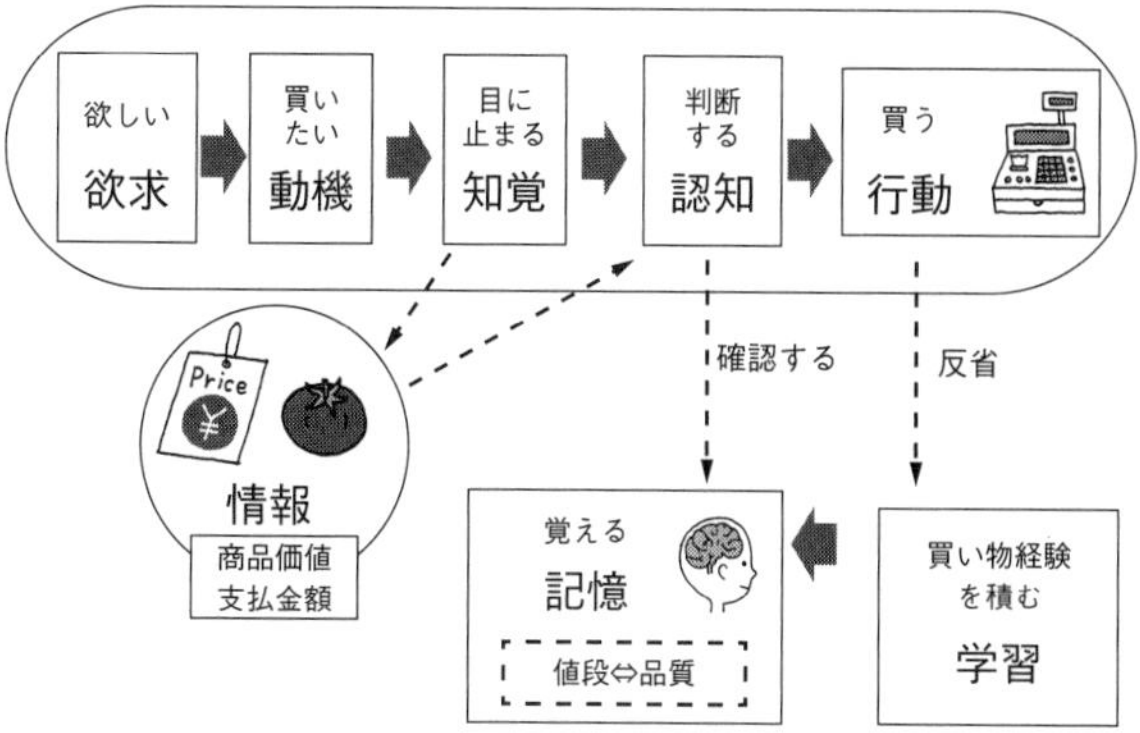

買い物の心理と行動の流れ

このことからも、ある商品の存在について、私たちの注意をどう引いて、意識させるか、そこに売り手の心理学的な仕掛けどころがあることがわかります。

このように、私たち消費者の心理や行動を理解するには、私たちが外からの刺激に対して、どう意識が反応し、それがどう行動につながっていくか、という流れを理解する必要があります。

始まりは何かが足りないという意識

何かを欲しいと思うことは、逆に見れば、それは足りない、またはないことの裏返しです。欲求とは、何かが「足りない」という「意識」

でもあります。欲求があってはじめて何かを入手しよう、買おうという意識が生まれます。

欲求と同じような言葉に、「ニーズ」または「必要性」という言葉があります。例えば、この新商品は、若い人たちに「ニーズ」があるかどうか、などといった場面に使います。

買い手の立場からは「欲求」を感じるかどうか、売り手の立場からはそこに「ニーズ」があるかどうかという言い方になります。

しかし欲求はそう単純なものではありません。今日はお昼にお弁当を食べたいというのは、もちろん食欲を満たすためですが、同時に仲間との語り合いの場を作るためかもしれないし、高級なお弁当なら見栄を張るためかもしれません。欲求は複雑なものです。この欲求こそが何かを買いたいという動機を生み出す原動力であることを忘れてはいけません。

このトマトを買うべきトマトと認めるか

例えば、欲しいから買いたいと思っていた商品が目に止まる。色つやのいいトマトが一個100円だ。
まず視覚によりその商品と値札が私たちの注意を引いてきます。さらに、意識として

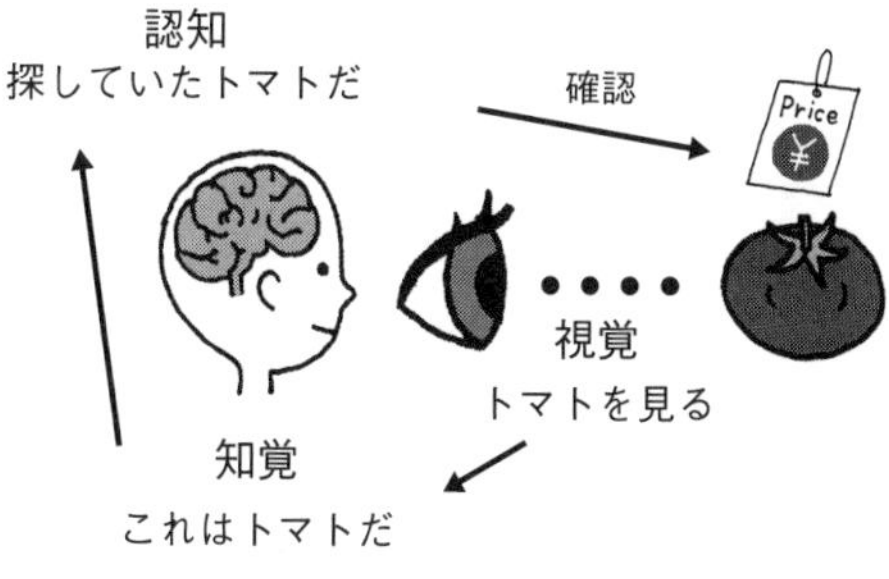

商品の知覚と認知

この商品が、自分が欲しいと思っていたトマトであることを理解します。これを「知覚」と呼びます。

目に入っただけでは何も感じませんが、これはトマトであると知覚してはじめて、次に、欲しかったトマトかどうかを認知することになる。

とにかく、商品と値札はまず視覚にキャッチしてもらわなければ話は始まりません。

ここで、このトマトを買うべきか買うべきでないかの段階になります。商品としての外観、色つや、規格、傷がないか、さらに第1節で学んだように、値段がその品質に照らして妥当なものかを確認して、問題がなければ、

よし買おうと行動に移るのです。

食べてみたら期待どおりでなかった

しかし、こうした食べ物の価値、美味しいかどうかは食べてみなければわかりません。美味しそうな柿でも渋いことがあります。うまくいけば満足し、うまくいかなかったときは、反省します。日々欠かせない買い物はその満足と反省の繰り返しであり、その積み重ねでもあります。

こうした経験を積み、学習することで、当たり外れも含めて、商品と値段の関係、この程度の品質ならこの程度の値段が適当という判断力が鍛えられ、私たちの記憶に止まることになります。その経験値が、私たちの「参照価格」なのです。

もう一度新たな買い物をすると、さらに学習し、その結果が記憶されて、私たちの判断力が鍛えられていく。今度はさらに改善された「参照価格」を確認する。このステップの繰り返しです。

逆に考えれば、あまり買い物経験がないと、しっかりした経験値もなく、失敗することも出てきます。何事も経験なのです。

3　私たちは必ずしも合理的に判断するわけではない

私たちの意思決定のしくみ

しかし何事も経験だと言われても、買い物は、よほど高額な買い物をするとき以外は、ほとんど瞬間的、直感的に決めています。

本当に、買い物は経験を積めば失敗しなくなるのでしょうか。直感を磨くことはそもそも可能なのでしょうか。実はその答えはイエスではありません。失敗は少なくなるでしょうが、まったく失敗しなくなるとは言えません。

どうしても、理屈に合わない非合理的な判断、エラーはつきものなのです。そのことが、経済学の新しい分野、行動経済学で明らかにされつつあります。

なぜそうなのでしょうか、私たちが判断、意思決定する心のしくみを明らかにすることから始めてみましょう。

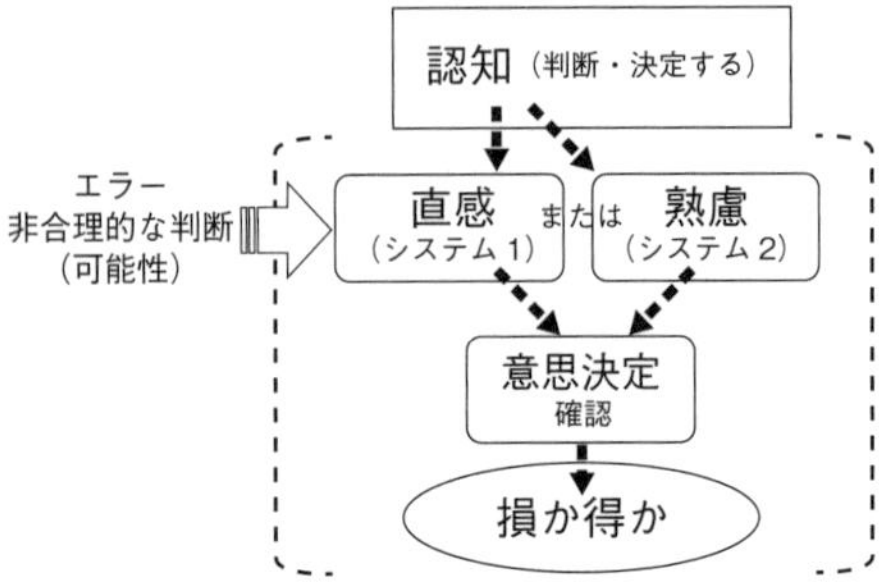

意思決定する心のしくみ

速い思考と遅い思考がある

目の前にケーキがあるとします。このケーキを認知して、買うかどうか判断し、買うことを決めます。一方、乗用車を買いたいときも、同様に買うかどうか判断して決めます。

同じように見えますが、ケーキを買うときはほとんど「直感」を使って意思決定し、乗用車を買うときには、「熟慮」した上で決めています。

このように、私たちは、買い物のように何度となく判断しなければならないときは、「直感」を使い、乗用車のように高額な商品を購入するときは、直感ではなく、しっかりと「熟慮」して買うかどうかを決めます。

行動経済学では、無意識的に速い直感的な思考を「システム1」、意識的に遅く熟慮する思考を「システム2」と呼んでいます。私たちは重たい決定にはシステム2、それ以外はなるべくシステム1と、使い分けています。

日々大量に発生する些細《ささい》なことにまでシステム2を使ってしまうと、脳に大きな負担が掛かってしまうので、脳に負担が掛かりすぎないように、システム1を主に使うようにするのです。

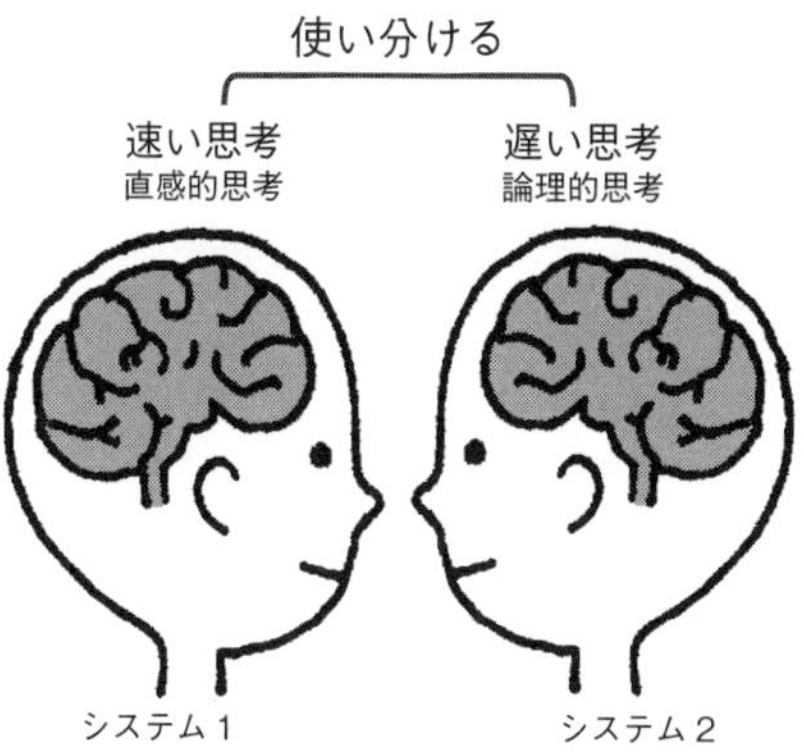

2種類の思考

直感がなければ生活ができない

私たちの生活や仕事では、想像以上に直感は大きな役割を果しています。自転車に乗って、突然道路に石を見つけて、転ぶ前にハンドルを切るのも、直感のなせる業《わざ》です。考えている間などはありません。直感による瞬時の判断は私たち自身を助けてくれます。

私たちの買い物だけでなく、売り手側、例えばコンビニ、ファストフードでは、いかに時間を掛けずに注文を処理するか、ほとんど直感的に判断、処理することを前提にしています。

身近なところでは、専門性の高い医療診断でも医師の直感的な判断力が重視されていると言われています。医療診断は、場合によっては命に関わり、一刻一秒を争うほど緊急性の高いものですが、そこでも医師の直感的な判断力が大きな役割を果しています。診察での直感的な判断と合わせてそれを裏付ける緻密なデータ分析が行われているのです。

直感には限界がある

しかし速い思考、直感には限界があることも確かです。次の問題を〝直感的に〟考えてください。

バットとボールは合わせて１１００円です

バットはボールより１０００円高いです

ではボールはいくらでしょう?

筆者の経験では、直感で正しい答えを出せる人はいません。ほとんどの人が100円と答えます。しかし、正答は、50円です。

なぜほとんどの人が100円と考えるのでしょうか、それは直感で答えているからです。少し考えれば、(システム2を使えば)、100円だとバットが1100円、合わせて1200円になって間違いにすぐ気がつきます。

直感はこの程度の計算問題も実は苦手なのです。私たちは、簡単な問題と思うと、わざわざ考えないで(システム2を使わないで)、感覚的に1100円引く1000円とやって間違えてしまうのです。

それ以外でも、例えば有名人がテレビで勧めている商品がいいように感じるのも、「ハロー効果」と言って、感覚的な印象でものごとの判断をしようとする直感の仕業です。

私たちはこのような直感の限界をわきまえた上で、直感を使うべきなのです。

直感は損か得かも判断してしまう

私たちが、値段を見て、損か得か感じるのも、直感の仕事です。買い物ではいかに得をするか、損をしないようにするかが大事なポイントです。問題は、日常の買い物をほとんど直感で済ませていることにあります。大丈夫なのでしょうか。

高い値段のものを買うときには、（システム2を使って）よく考えて、損得の判断をしますから、そう間違いはないでしょうが、いつも直感で果して正しく損得を判断できるのでしょうか。

当然ながら、第1節で学んだ心の中の基準の値段、「参照価格」が、その商品の損得を判断する基準になります。

目の前の値札の値段が心中の参照価格よりも高ければ「高い」、低ければ「安い」と感じるわけです。

このように、直感で判断する場合でも、瞬間的に記憶にある「参照価格」を参照して、判断します。

例えば、特売で普段の値段よりも値下げしている商品があると、すぐに買ってしまいやすいのも、その例です。

売り手は、どの程度の値段なら、買い手がお得と感じるかを予測して売っていることも忘れてはいけません。

4　売り手が働きかける買い物心理

もっと高い値段で買ってほしい

売り手にとっては、できれば高い値段で買わせることができるに越したことはありません。

前章で学んだように、店は常に消費者からの値下げ圧力、競合する他店との価格競争にさらされています。

店としては、いかに値下げ圧力に対抗するか、価格競争に負けないようにするかが、経営を維持していくためにも必要なことです。

そのために、売り手は、マーケティングによりどのように私たちの買い物心理に働きかけているのでしょうか。

本節ではそこにスポットを当て、三つの事例で考えてみることにしましょう。

①1円でも安いものを探す私たちが、カフェのコーヒーを高いと思わないのはなぜでしょうか。

②飲食店のメニューを見ると、なぜ最初に高価な料理が載っていることが多いのでしょうか。

③なぜ、スーパーの入り口の近くに特売セールの商品が置いてあるのでしょうか。

①の理由　雰囲気、満足感も値段に含まれているから。

これまでに学んだように、基本的には値段はその商品の価値を表しています。しかし、私たちが感じる商品価値には、その商品だけでなく、その店の雰囲気、店員の接客なども含まれていると考えられます。

コーヒーはもちろんそのカフェの雰囲気、その満足感を考えれば、その満足感の対価として高い値段を支払ってもいいと、私たちは感じる。したがって、カフェの値段が高いとは感じないわけです。

既に学んだように、私たちは値段以上の価値があれば、その値段を支払う。逆に言えば、価値を引き上げることができれば、それだけ高い値段でも払うということにもなるのです。

②の理由　私たちは最初に見た値段を基準にする。

私たちは、最初に見た、第一印象にその後もとらわれることがあります。値段も、第一印象が大事です。

飲食店のメニューには、数多くの料理が載っていますが、店側は、最初の頁に載っている料理と値段の第一印象が、その店の基準になると考えています。

最初に安い値段の料理を載せれば、その店は安い料理の店ということになります。もちろん、そういう戦略の店もあります。

高い値段の料理を載せれば、その店は値は張るけれどいい料理を出す店という第一印象を客に与えることもできます。

重要なことは、最初の頁の高い値段がテコになって、他の料理も高い値段で当然という感覚が生まれてくるところにあるのです。

この心理は心理学では「アンカリング」と呼ばれています。アンカーとは船の錨《いかり》であり、錨を降ろすと船が着岸することから、アンカリングも、最初に与えられた第一印象が、その後の意思決定に影響を与える心理を指しています。

③の理由　これもアンカリングの事例です。

入り口の近くは、店の顔であり、売り手にとって大事な場所です。

客が店に足を踏み入れたとき、すぐ目の先に特売コーナーを作っておけば、この店はお得な商品を売っている店という印象を与えることができます。

逆に百貨店の入り口の側には高級化粧品の売り場があることが多いのですが、それは逆にこの店は高級な価値あるものを取り扱っているという第一印象を与えるためなのです。

売り手にとって、アンカリングとはとても大切なものですが、難しいところもあります。最初に高級な商品を見せすぎると、この店は必要以上に高い店だという印象を与えてしまうし、逆に低価格商品を見せすぎると、この店は安いものしか売っていない店という印象を、必要以上に与えてしまいかねないことにもなりかねません。

とにかく店は「期待する値段で売る」ために第一印象で勝負してきているのです。

値上げ、値下げは買い物心理にどう働きかけてくるのだろうか

値上げとはもちろん、値段が上がることです。例えば、昨日まで100円だったお菓子が、今日店に行ったら110円になっていた。今日は100円しかお金を持っていなければ、そのお菓子を買えなくなる。当たり前のことです。

したがって、値上げは困ることだと言うのは、まだ早い。これは、その前提として「その商品価値は変わらない」ということがあります。

第1章で紹介したとおり、私たちは値段以上の商品価値がなければ買うことはありま

せん。

商品価値　Ⅳ　値段

商品価値が変わっていなければ、値上げによって、その値段よりも価値があるかどうか怪しくなります。例えば、このケーキの値段は250円だが、300円ぐらいの価値があると思っていたとします。

ここで値段を100円あげて350円にしたら、値段が商品価値を上回ってしまうので買わなくなります。これが値上げのリスクです。

しかし、値上げと同時に品質、商品価値を高めれば、以前と同じように、値段以上の商品価値がある可能性が高くなります。

第1章で学んだように、私たちの商品を見る眼は二眼レフで、値段と品質を同時に見るので、値上げと同時に商品価値を引き上げておけば、問題ない可能性が高くなります。

値下げにもリスクがある

逆に値下げは問題ないのでしょうか。私たちは値段が下がればもっと買う可能性が高くなります。昨日まで500円だったケーキが今日は400円になっていたら、昨日の500円を基準に考えれば、お得なので、買おうということになります。

しかし話はそう単純ではありません。私たちにとって、値段は品質、価値を知る重要な手がかりです。

値段が400円になったケーキは、実はその価値は400円の価値しかないのではないかと感じることにもなります。

とすると、翌日元の値段である500円に戻すと、何だ、400円の価値のものを500円で売っているという感覚も生まれかねません。

値下げは販売では有効なのですが、あまり値下げをしすぎると、商品価値自体も下がったかのように、消費者に感じさせ、ひいては売上も伸びなくなる危険性が含まれていることに注意が必要です。

つまり、結果として、値下げをして販売量を増やすことで収入を増やそうという目論見を達成できなくなるリスクが生まれてくることになります。

5　私たちも経験を積み重ね、直感を磨こう

このように、私たちの買い物心理、そこにあの手この手で働きかける売り手。目に見えない値段を巡る買い手と売り手との間の心理ゲームの駆引きはなかなか難しいものがあります。

特に直感を頼りに買うことが多い私たちとしては、直感の精度を高める以外にありません。

行動経済学によれば、「適切な訓練を積めば、専門機能を磨き、それに基づく反応や直感を形成できる」としています。

例えば、ピアノの演奏を最初に習うときは意識して鍵盤をたたきますが、その訓練を経て自動的に指が動くようにならないとピアニストにはなれません。

直感（システム1）も、出発点は考える（システム2）ことを鍛えることで、はじめて磨くことができます。

直感だけに頼らず、考えながら買い物を積み重ねていくことが、ひいてはその判断力を高め、直感でも間違いない判断をすることができるようになるということです。買い物に限らず、やはり何事も経験だということがわかります。

読者にお勧めしたいのは、この本を読んで経済のしくみを知った後は、コンビニ、レストランなど実際の経済の現場で、値段がどう動いているか、どうしてこの値段なのかなど、観察しながら、考えてみることです。経済を見る眼を養えます。各章末のキーポイントにある「実践に結びつく学び」、「お勧めの習慣」を参考にしてもいいでしょう。現場は活きた経済の教科書です。

これから多くの経済学、マーケティング等々、専門的な知識を学習していくことになると思いますが、常に現場を見ながら教科書等で得られた知識を確認していくことは、とても有益です。

第６章で学んだ経済学のキーポイント

①私たちが何かを買うとき、まずほしいという欲求を動機に、商品の品質、値段が妥当なものかを判断して決めます。
②私たちは値段を確認する際には、それまでの購買経験で得た記憶にある「基準となる値段」と比較して、妥当な値段かどうかを確認します。
③私たちの買い物はほとんど直感的に行われることが多い。直感的に値段を見る際には、他の外部からの情報により心理的に影響を受けることがあります。
④売り手は、マーケティングにより、私たちの買い物心理に影響を与えようとしています。

実践に結びつく学び

(1) 消費者である自分は、①～④を踏まえ、ものを買うときにはどう値段を判断すべきでしょうか。
(2) 自分が将来売り手の立場になったときに考えるべき戦略とは何でしょうか。

お勧めの習慣

(1) 買い手の立場：一つの店だけでなく、いくつかの店の値段を比較するようにしましょう。
(2) 売り手の立場：どうすれば値段より商品価値をアピールできるか想像してみましょう。

第６章の用語

参照価格＝消費者が記憶に持つ価格情報

アンカリング＝最初に見た情報に影響を受ける心理

認知＝その対象があることを認めること

システム１、システム２＝システム１は直感的な速い思考、システム２は分析的な遅い思考

おまけの章　値段に見えない値段もある

なお、世の中の「値段」には、無料という値段もあるし、値段とは言いませんが、実は値段であるとか、面白い話題がたくさんあります。それらの値段にまつわる興味深い話の一端を最後にご紹介しましょう。

コラム①「無料で大丈夫なのだろうか」

無料、「ただ」という値段もあります。駅で無料で配布されるフリーペーパー、無料で聞けるネットの音楽サービス、またはデパ地下の試食もただです。

第3章で学んだように、すべての商品にはその商品を作った原価があります。ただで作れる商品はないはずです。ネットも同様であり、そのウェブページを作り、更新していく費用、人件費など、様々な費用が隠れています。

無料で売ったら、費用を回収できないのではないでしょうか。それでも問題ないのでしょうか。

これはなかなか難しい問題です。二つの答えが考えられます。

一つは、誰か他の人が費用の負担をしていることが考えられます。フリーペーパーであれば、多くの会社が広告を出しています。その広告料でその製作費用は賄われているはずです。

もう一つのネット音楽サービスの場合も似ています。そうした無料サービスには必ず品質、サービスなどを高めた有料サービスがあります。

その有料サービスで得られた収入で、サービス全体の費用を賄い、利益を出すわけです。これは、無料の値段で入ってきた客を有料のサービスに誘導し、最終的に利益を出すビジネスのしくみなのです。たくみなビジネスモデルです。

コラム② 「見せない値段にどういう意味があるのだろう」

世の中には敢《あ》えて値段を見せない売り方もあります。海外の有名ブランドショップに行くと、商品に値札がついていないことが多くあります。これはどういう意味があるのでしょうか。
値段のことを英語では Price と言います。難しい英語ですが、さらに Priceless という言葉もあります。
Less というのは「無い」という意味です。つまり、Priceless という言葉は「値段がない」ということです。これを、日本語に訳すと、Priceless は値段がわからないほど価値があるという意味になります。

寿司屋の時価

買い物心理から考えれば、値札があれば、その値段から価値を量ることができ、誰かが買えることがわかります。

しかし値札がないということは、どんな値段になるかがわからない。したがって、どんな値段でも大丈夫な人、お金を持っている人でなければ買えない高級な品であるということになるわけです。

見せない値段に「時価」というのもあります。寿司屋に行くと、店の壁に魚の名前と時価という札が掛かっていることがあります。

これも値段を見せないことで高級であることを見せているのですが、「時価」という言葉の「時」に注目してください。

第3章で見たように、魚のような生鮮品は市場で取引され、その日の需要と供給の動きによって日々値段が変わっていきます。特に高級魚は、品数も少なく、値段の変動も安い魚よりも大きいものがあります。

日々変わる値段を前提に値段をつけるので、「時価」としか書けない事情があるのです。

コラム③「値段の末尾に注目しよう」

売り手にとっては値段の末尾も重要なマーケティング手段です。スーパーのチラシを見ても、ほとんどの末尾が8円か9円になっています。

これはどういう意味があるのでしょうか。298円とあるのは、事実上ほとんど300円なのですが、2円値下げすることで、200円台の商品であることを印象づけるためです。

私たちは、数字を読むときに、左から読んでいくことが多いと言われています。まず2という数字が目に入り視線を右に動かしていく。最初に2を見せることで、これは200円台と認識させるのです。

これは、300円と298円とを比較したとき、300円で売れる数量よりも2円値下げした298円の方が、売れる数量も収入も増えることをねらっています。

既に学んだように、値段により買う数量は変化します。値段の変化に対する反応、弾力性が高ければ、少し値段を下げただけで、数量が増える可能性が出てきます。

しかし、果物はともかく、野菜のように日常的に買う商品は、あまり弾力性は高くなく、2円引下げの効果はそれほどあるとは考えにくい。

それよりも、末尾が端数になっている商品は値引きまたは特売商品のイメージにつながっています。その商品は「セール」商品というイメージも与える心理的な効果をねらっていると考えられます。

知ってのとおり、これは商慣習としては定着している手法ですが、あまりにも使われており、その心理的な効果も限定的と考えられます。

コラム④　おまけか値引きか　どっちが得だろう

売り手は、売るために値段を変えるだけでなく、値段はそのままでおまけをつけてくることもあります。

例えば、一枚100円のチョコレートが、一割値引きの90円で売られているのと、値段はそのままでおまけにキャラクターの人形が付いている場合、どちらを選ぶでしょうか。

買い手の立場では、どう考えたらいいのか。また売り手にとって、これはどういう戦略なのでしょうか。

買い手にとっては、どちらが得かという問題になります。

①一割引きの場合

90円で100円のチョコレートを買える。

②おまけの場合

100円で100円のチョコレートの他に、ただでおまけをもらえる。

これは、おまけの価値の問題です。通常、おまけには、私たちが関心を引きそうなキャラクターやミニカーといったおもちゃのことが多くあります。

こうしたおまけに共通したことは、その価値がいくらかわかりにくいことです。それどころか、そのおまけが欲しい人にとっては、相当な価値を感じるものばかりです。

したがって、値段はそのままでもおまけをつけるだけで、買い手に十分なお得感を感じさせることができることになります。

しかし、欲しくない人にとっては、そのおまけは何の価値もないものですから、値引きしてもらった方がいいことになります。

マーケティングは、どの客層をねらうかがポイントになりますが、おまけはある特定の消費者に買ってもらいたいとき、値引きは一般に広く買ってもらいたいときにとる戦略です。

おまけは、古い商慣習（商売で使われてきた手段）でもあり、江戸時代には大きな呉服屋（今の百貨店の始まり）では、お得意の客におまけの品を贈っていたと言われています。

現代のポイントカードのポイントも、形を変えたおまけと考えてもいいでしょう。ただし、このおまけは後で値引きに使えるから、とても強力な販売手段と言えます。

最後のおまけの話も終わり、ようやくこの本も終着駅に着いたようです。

おわりに　経済学の入り口から見えるもの

「値段」を創り出す「長い旅」はいかがだったでしょうか。長い旅を終えた今、はじめて皆さんは経済学の入り口に立ったと言えます。

この本を通じて、知ってもらいたいことは、

①社会は様々なしくみのおかげで成り立っていること。

②特に値段を軸に動く経済のしくみが私たちの生活の柱であること。

そして、値段がどのように創られているか、その長い旅をたどることで、そのしくみがどのように動いているかを知っていただけたと思います。

経済学とは「私たちの生活を支える社会のしくみ」を解き明かす学問であり、決して抽象的な机上の学問ではありません。

その入り口から見える、経済のしくみ、そしてそのしくみを支える無数の人々の地道な活動は、決して「見えない手」の仕事でもなく、私たちのいわば汗の結晶であること

を忘れてはいけません。

ただし、注意しなければいけないことは、経済のしくみは、簡単なものではなく、様々なしくみが複雑に結びついて構成されていることにあります。したがって、経済のしくみは単純な価格メカニズムを解き明かすだけでは済みません。経済学でもその他多くの専門的な分野、さらには経済学に隣接したマーケティング、経営学、心理学、最新のデータ分析、ＡＩといった多くの学問分野の知識によってはじめて説明されることが多々あります。つまり、経済のしくみは、経済学を中心にした多くの関連分野の知識をもってはじめて、解き明かされる、とても複雑なしくみと考える必要があります。

したがって、本書に登場した学問には、経済学と関連する社会科学が多く含まれています。経済学の伝統的な価格メカニズムを分析する価格理論はもちろん、最新のゲーム理論、行動経済学、オークション理論、市場分析という高度な応用経済学のさわりまで含まれています。それらに加えて、関連する、伝統的なマーケティング、消費者行動、心理学、経営分析、ＡＩ、データサイエンスといった興味深い分野の入り口にも近づくことができました。

学問を学ぶことは楽しく、興味深いものです。社会の背景になるしくみを探偵のように学問的に解き明かしていくことは面白く、楽しい。そして社会に出たときに、学んで身につけた知識は私たちが遭遇する難しい局面において力になってくれます。

皆さんも、学校の勉強を習うことから卒業したら、この本で紹介した、興味ある学問分野をさらに深めることをお勧めします。そこにはさらに面白い、時間という貴重な費用をかけるに値する実りがあることをお約束します。

冒頭で申し上げたように、この本を読み終わったあと、店頭でたくさんの「値札」たちを見かけたときには、その値段がたどってきた「長い旅」のこと、そしてその旅には無数の人たちが関わってきたこと、そしてそのおかげで私たちの生活が支えられていることを思い出してください。

謝辞

本書の出版にあたっては、多くの方々のご支援をいただいています。執筆に際しては、多くの先行文献、実態調査による他、特に農産物市場については、川崎市役所・赤坂慎一様、増田宏之様、池田昌弘様、川口愛様、しんぼりファーム園主・新堀智史様など多くの方々に多大なご教示をいただきました。専修大学・鶴田俊正様、平尾光司様を始めとする令和研究会メンバーからも、貴重なご意見をいただいています。

なお、当初原稿案については、専修大学附属高等学校校長・根本欣哉様、公民科教諭・渡邉ユウノ様、三年生・志村蒼一様より、貴重で率直なご意見を賜りました。その附属高校への仲介に際しては、学校法人専修大学専務理事・松木健一様にご尽力いただきました。遠藤嗣一郎様、岡戸絹江様、石川則子様、青木高夫様にも折に触れて、貴重なご助言をいただきました。また多くの方々から激励もいただきました。

何よりも、執筆のベースになったのは、前勤務先専修大学における同僚各氏、講義・

ゼミナールを受講してくれた学生諸君、および現勤務先開志専門職大学の北畑隆生学長他、同僚各氏、講義を受講している学生諸君、など実に多くの方々との貴重な実りある交流です。

記してご支援をいただいた皆様に感謝いたします。

最後に出版の労を取っていただいた北村善洋様には厚く感謝を申し上げます。

令和三年一月　コロナ禍の中、本書が生まれでたことを慶びつつ

徳田賢二

参考文献

本書の執筆に際しては多くの文献を参考にしていますが、ここでは特に入手しやすい日本語訳のあるものを中心にご紹介しておきます（英語文献や初学者向きではない専門的なものも含まれています）。

ジョージ・A・アカロフ／幸村千佳良・井上桃子訳『ある理論経済学者のお話の本』ハーベスト社、一九九五年
伊東光晴『君たちの生きる社会』ちくま文庫、一九九六年
市岡修『経済学――エコノミックな見方・考え方』有斐閣コンパクト 有斐閣、二〇〇〇年
市川伸一『「教えて考えさせる授業」を創る』図書文化社、二〇〇八年
荏開津典生・鈴木宣弘『農業経済学』岩波書店、二〇一五年

ダニエル・カーネマン／村井章子訳『ファスト&スロー――あなたの意思はどのように決まるか?』（上・下）、早川書房、二〇一二年
フィリップ・コトラー／恩藏直人訳『マーケティング・マネジメント ミレニアム版』ピアソン・エデュケーション、二〇〇一年
Philip Kotler, Kevin Lane Keller, Mairead Brady Malcolm Goodman, Torben Hansen, *Marketing Management*, Pearson Education, 2013
リチャード・セイラー／遠藤真美訳『行動経済学の逆襲』（上・下）、早川書房、二〇一九年
Avinash Dixit, *Microeconomics: A Very Short Introduction*, Oxford University Press, 2014
徳田賢二・李春霞「都市政策における農業イノベーションの実効性」専修経済学論集、第１３４号、二〇一九年
西田栄喜『小さい農業で稼ぐコツ』農山漁村文化協会、二〇一六年
テオドル・ベスター／和波雅子・福岡伸一訳『築地』木楽舎、二〇〇七年

ジョン・マクミラン／瀧澤弘和・木村友二訳『市場を創る――バザールからネット取引まで』NTT出版、二〇〇七年
松井彰彦『市場って何だろう』ちくまプリマー新書、二〇一八年
松本保美監修『理解しやすい政治・経済 新課程版』文英堂、二〇一四年
横尾真『オークション理論の基礎』東京電機大学出版局、二〇〇六年

ちくまプリマー新書

203
経済学の3つの基本
——経済成長、バブル、競争
根井雅弘
経済学の考え方はひとつではない。これまでにさまざまな学説が生まれ、対立し合ってきた。「経済成長」「バブル」「競争」の三つの基本テーマで経済学の多様性を学ぶ。

302
市場って何だろう
——自立と依存の経済学
松井彰彦
自立のために、多くの依存先を持とう！　様々な依存先を提供しうる市場という頼れる存在。市場をゲーム理論で読み解きながらそのあり方・可能性を考えてみる。

136
高校生からのゲーム理論
松井彰彦
ゲーム理論とは人と人とのつながりに根ざした学問である——環境問題、いじめ、三国志など多様なテーマからその本質に迫る、ゲーム理論的に考えるための入門書。

180
金融がやっていること
永野良佑
おカネや、株式、債券の本質から、銀行、保険会社、証券会社など各金融機関の役割、さらには金融への正しい向き合い方まで。この一冊で金融の基礎が全部わかる！

094
景気ってなんだろう
岩田規久男
景気はなぜ良くなったり悪くなったりするのだろう？　アメリカのサブプライムローン問題が、なぜ世界金融危機につながるのか？　景気変動の疑問をわかりやすく解説。

ちくまプリマー新書

080
「見えざる手」が経済を動かす
池上彰
市場経済は万能？　会社は誰のもの？　格差問題の解決策は？　経済に関するすべてのギモンに答えます！「見えざる手」で世の中が見えてくる。待望の超入門書。

253
高校生からの統計入門
加藤久和
データを分析し、それをもとに論理的に考えることは、現代人に欠かせない素養である。成績、貯蓄、格差など身近な事例を用いて、使える統計思考を身につけよう！

272
あなたのキャリアのつくり方
――ＮＰＯを手がかりに
浦坂純子
フルタイムで終身雇用はもう古い？　自由自在に自分らしいキャリアをつくれる道を知っておこう。ＮＰＯで働く選択肢の可能性と現実から探る、これからの働き方。

281
これを知らずに働けますか？
――学生と考える、労働問題ソボクな疑問30
竹信三恵子
「バイトは休暇が取れない？」「どこまで働くと過労死する？」そんな学生の率直な疑問に答えます。仕事選び、賃金、労組、解雇など、働く人を守る基礎知識を大解説！

303
先生は教えてくれない就活のトリセツ
田中研之輔
内定が出る人には理由がある。会ってみたくなるＥＳ、インターンの有効活用法、人事担当者がどこをみているかなど、成功するためのメソッドを伝授する。

ちくまプリマー新書

ちくまプリマー新書

ちくまプリマー新書

096
大学受験に強くなる教養講座
横山雅彦
英語・現代文・小論文は三位一体である。本書では、それら入試問題に共通する「現代」を六つの角度から考察することで、読解の知的バックグラウンド構築を目指す。

151
伝わる文章の書き方教室
——書き換えトレーニング10講
飯間浩明
ことばの選び方や表現方法、論理構成をちょっと工夫するだけで、文章は一変する。ゲーム感覚の書き換えトレーニングを通じて、「伝わる」文章のコツを伝授する。

186
コミュニケーションを学ぶ
高田明典
コミュニケーションは学んで至る「技術」である。状況や目的、相手を考慮した各種テクニックを解説し、スキルを身につけ精神を理解するための実践的入門書。

233
世界が変わるプログラム入門
山本貴光
新しいコンピュータの使い方を発見しよう！　たかが技術と侮るなかれ。プログラムの書き方を学べば世界を変えられるし、世界も違って見えてくる。

299
本質をつかむ聞く力
——ニュースの現場から
松原耕二
真偽不明の情報が溢れる今の時代、都合のいいことだけを声高に言う人やフェイクニュースに惑わされないために、本質を見極め、真実の声を聞くことが大切だ。

ちくまプリマー新書

320
その情報はどこから？
――ネット時代の情報選別力
猪谷千香
日々、空気のように周りを囲んでいる情報群。その中から私達は何をどのように選べばいいのか。情報の海で溺れないために大切なことを教える一冊。

226
何のために「学ぶ」のか
――〈中学生からの大学講義〉1
外山滋比古／前田英樹
今福龍太／茂木健一郎
大事なのは知識じゃない。正解のない問いを、考え続けるための知恵である。変化の激しい時代を生きる若い人たちへ、学びの達人たちが語る、心に響くメッセージ。

227
考える方法
――〈中学生からの大学講義〉2
永井均／池内了
管啓次郎／萱野稔人
世の中には、言葉で表現できないことや答えのない問題がたくさんある。簡単に結論に飛びつかないために、考える達人が物事を解きほぐすことの豊かさを伝える。

305
学ぶということ
――続・中学生からの大学講義1
桐光学園＋
ちくまプリマー新書編集部編
受験突破だけが目標じゃない。学び、考え続ければ重い扉が開くこともある。変化の激しい時代を生きる若い人たちへ、先達が伝える、これからの学びかた・考えかた。

306
歴史の読みかた
――続・中学生からの大学講義2
桐光学園＋
ちくまプリマー新書編集部編
人類の長い歩みには、「これから」を学ぶヒントがいっぱいつまっている。その読み解きかたを先達に学び、君たち自身の手で未来をつくっていこう！

ちくまプリマー新書 368
値段《ねだん》がわかれば社会《しゃかい》がわかる　はじめての経済学《けいざいがく》

二〇二一年二月十日　初版第一刷発行

著者　徳田賢二（とくだ・けんじ）
装幀　クラフト・エヴィング商會
発行者　喜入冬子
発行所　株式会社筑摩書房
東京都台東区蔵前二‐五‐三　〒一一一‐八七五五
電話番号　〇三‐五六八七‐二六〇一（代表）
印刷・製本　株式会社精興社

ISBN978-4-480-68391-5 C0233　Printed in Japan